W0204934

I COCKTAIL MONDIALI

Copyright © Ulrico Hoepli Editore S.p.A. 2021
via Hoepli 5, 20121 Milano (Italy)
tel. +39 02 864871 – fax +39 02 8052886
e-mail hoepli@hoepli.it

www.hoeplieditore.it

Tutti i diritti sono riservati a norma di legge
e a norma delle convenzioni internazionali

Le fotocopie per uso personale del lettore possono essere effettuate nei limiti del 15% di ciascun volume/fascicolo di periodico dietro pagamento alla SIAE del compenso previsto dall'art. 68, commi 4 e 5, della legge 22 aprile 1941 n. 633.
Le fotocopie effettuate per finalità di carattere professionale, economico o commerciale o comunque per uso diverso da quello personale possono essere effettuate a seguito di specifica autorizzazione rilasciata da CLEARedi, Centro Licenze e Autorizzazioni per le Riproduzioni Editoriali, Corso di Porta Romana 108, 20122 Milano, e-mail autorizzazioni@clearedi.org e sito web www.clearedi.org.

ISBN 978-88-360-0413-3

Ristampa:

4 3 2 2022 2023 2024 2025

Copertina realizzata da Massimo Pastore

Realizzazione editoriale di Un Altro Studio | Bologna

Scatti fotografici a cura di © felixreed.com © raffaelemontillo.com

Stampa: Grafički Zavod Hrvatske d.o.o, Zagreb

Printed in Croatia

Federico Mastellari

I COCKTAIL MONDIALI

Tutti i cocktail ufficiali IBA
e i grandi esclusi

EDITORE ULRICO HOEPLI MILANO

A Roberto,
infinito professionista senza il quale
non sarei mai arrivato dove sono,
che mi ha fatto scoprire il senso del bello,
ma soprattutto un amico che mi manca molto.

SOMMARIO

PARTE 2

PREFAZIONE

Roberto Malpensa ha scattato le foto di tutte le pubblicazioni di *I Cocktail Mondiali* e curato il progetto grafico *Miscelare* (Hoepli, 2018). Ci siamo conosciuti al liceo, dove lui era il writer coi capelli lunghi che disegnava i treni la notte ed io quello fighetto con la camicia con tutt'altri interessi. Ci siamo ritrovati più avanti, quando gli chiesi di disegnare il primo logo di Drink Factory pagandolo con una pacca sulla spalla e un *Bella Repo* (il suo nome d'arte)*!* Da lì mi ha accompagnato per 16 anni, seguendo e coordinando la mia immagine, dando corda e sviluppando le mie idee, ma soprattutto diventando un amico e un punto di riferimento.
È stato un professionista incredibile a 360 gradi: capace di spaziare dal disegnare un muro intero con un pennarello lasciandoti ogni volta a bocca aperta, di saper creare grafiche e impaginati fantastici, di essere uno tra i più bravi facilitatori grafici, un ottimo fotografo e tutto questo con una solida cultura di fondo in tutto quello che faceva. Persona umile, generosa, coerente, sempre disponibile e amante dei whisky torbati. Questo libro è dedicato a lui.

Sono molto legato alla "saga" del titolo *I Cocktail Mondiali.* Ognuna delle scorse pubblicazioni mi riporta a ricordi, momenti e incontri ben precisi che ho fatto lungo il mio percorso. Potrei raccontarvi di quanto ci siamo divertiti nel realizzare gli scatti dell'opera uscita nel 2006, dove avevo un braccio e avambraccio ingessati e ho dovuto preparare i drink con una mano sola, o quando il ragazzo che dava una mano con le foto assaggiò tutti i drink e a fine giornata si addormentò sul divano della scuola.

Nella pubblicazione del 2009 c'è un drink, "Lù", dedicato a quella santa che oggi è mia moglie. Inoltre, quando mi sono presentato al Gambero Rosso per i provini di *Aperitivi all'italiana*, essere autore di *I Cocktail Mondiali* mi ha sicuramente fatto partire con una marcia in più.

Quella del 2013 è stata invece un'uscita connotata dalle foto con le decorazioni a tutti i costi e con gli occhi di oggi alcune mi piacciono ancora molto, ma altre le trovo molto pacchiane ed esagerate. Erano gli anni in cui anche in Italia la miscelazione stava iniziando a vivere una nuova fase ed eravamo tutti intenti a frequentare o organizzare nuove masterclass, girare per bar show internazionali e molti colleghi partivano per l'Inghilterra in cerca di un'esperienza nella mixology londinese.

Devo davvero tanto a questi libri. É stata senza alcun dubbio la prima occasione che ho avuto per farmi conoscere al grande pubblico, anche perché solo pochi anni fa i social non avevano

il ruolo e la potenza di oggi. Pensate alla fortuna che ho avuto: la codifica IBA che era ferma dal 1985 è cambiata 3 volte dal 2003 al 2012, dandomi l'occasione di uscire con ben tre edizioni in pochi anni e quattro con questo nuovo libro aggiornato alla codifica IBA 2020!
É adatto a tutti: per gli amatori che vogliono affacciarsi a una lettura sulla miscelazione, per coloro che desiderano cimentarsi in qualche drink a casa, per gli appassionati, per coloro che vorranno regalarlo, ma è anche un manuale per i professionisti che saranno in grado di cogliere tra le righe diverse sfumature, consigli o semplicemente conoscere un modo diverso di approcciarsi alla preparazione di un drink.

Inoltre, rispetto ai precedenti titoli, questo libro è più corposo: ogni drink ha non una, ma bensì due pagine dedicate, e oltre ai 90 drink IBA ho creato altre due sezioni con dei drink aggiuntivi. Ecco il mio ragionamento: i cocktail mondiali sono sì i drink ufficiali IBA, punto di riferimento per molti professionisti e che rappresentano il cuore del testo, ma ci sono anche dei grandi classici più o meno contemporanei assenti da quella lista, i grandi esclusi, che sarebbe stato un peccato non menzionare qui.

Inoltre, oltre ai grandi esclusi, ho pensato di aggiungere anche alcuni miei drink, che non hanno di certo la pretesa diventare un cocktail mondiale (magari!), quanto invece di mostrarvi il mio stile nel rielaborare un classico o un nuovo drink, argomenti che tratto nei miei corsi, o una delle direzioni in cui va oggi la miscelazione.

In modo trasversale troverete anche un po' di nozioni sulla merceologia dei prodotti, sulle attrezzature, sui bicchieri, sulle tecniche per realizzare i drink, sul ghiaccio, su alcune preparazioni home-made e diverse, e anche curiose, pillole storiche.

Oggi il livello della miscelazione si è alzato tantissimo e non si può più improvvisare. Se qualcuno che legge vorrà buttarsi in questo mondo, vi consiglio di partire da un ottimo corso di formazione che vi darà le basi, accompagnati da validi manuali, di concretizzare con esperienze pratiche e anche quando sarete diventati più esperti, continuate a curare la vostra formazione permanente!

Buona lettura, buoni drink e alla prossima codifica IBA!

Federico Mastellari

PARTE 1

Glossario

Attrezzature

Bicchieri

Le preparazioni home-made

Il ghiaccio e le tecniche

GLOSSARIO

Un breve, ma completo, glossario dei prodotti alcolici e analcolici che troverete nelle ricette di questo libro.

Aguardiente	Acqua di fuoco. Indicava in passato il liquido che si ricavava dalla distillazione della canna da zucchero a circa 80% vol. non tagliato con acqua. Oggi è un prodotto che si ricava sempre dalla canna e commercializzato intorno ai 40-45% vol. *Es. Santero.*
Albume e tuorlo pastorizzato	Dalle uova. L'**albume** serve a donare una consistenza morbida a drink come i sour tradizionali, mentre il **tuorlo**, che troviamo in alcune ricette, per la consistenza e un sapore cremoso. Utilizzate prodotti rigorosamente pastorizzati, nessuno vuole la salmonella!
Amaretto	Liquore dolce ricavato da erbe, mandorle amare, ma anche ciliegie, prugne e cacao; 28% vol. *Es. DiSaronno, Amaretto Luxardo.*
Amaro	Bevande spiritose, perlopiù liquori, a base di erbe e spezie dalle note amare, ognuno caratterizzato dalla propria ricetta. Le gradazioni sono variabili, normalmente dai 30% vol. *Es. Amaro del Capo, Averna, Lucano, Ramazzotti, Cynar, China Clementi, Petrus, Rabarbaro Zucca, Jajermeister, Suze, Unicum, Quintessentia Nonino, Erborista e Sibilla Varnelli, i Fernet.*
Angostura Bitters	Il Bitters più conosciuto ed utilizzato al mondo, a base china e altre spezie; 44.7% vol. Esiste anche nella versione *Orange*, 28% vol. e *Cacao*, 48% vol.
Assenzio	Distillato ricavato da diverse botaniche, la principale *Artemisia Absintium* da cui prende il nome, prodotto principalmente in Svizzera e Francia. Ha un sapore potente e aniciato. La gradazione deve essere minimo 55% vol. e massimo 75% vol. *Es. Duplais Verte, Manshite, Pernod, Pernot, Vieux Pontarlier.*
Bitter	Tutti quei liquori rossi *all'uso d'Hollanda*, a base di erbe e spezie, il cui sapore amaro è inconfonbidile. La gradazione è intorno ai 25% vol. a seconda della casa produttice. *Es. Bitter Campari, Bitter Nardini, Bitter Gagliardo, Bitter Berto, Bitter Martini, Bitter Luxardo.*

Bitter aperitivo	Aperitivi rossi e amaricanti dalle basse gradazioni, dagli 11% vol. *Es. Select, Aperol, Aperitivo del Professore, Aperitivo Luxardo.*
Bitters	Liquori aromatici a base di spezie amare; si utilizzano a gocce per conferire complessità. Le gradazioni sono dai 25% vol. a salire. *Es. Angostura Bitters, Amargo Chuncho, Bob's Bitters, Peycheaud's Bitters, Sirene Bitters.*
Blended Scotch Whisky	Sono i Whisky scozzesi composti da miscele diverse di Whisky di malto e di grano. Rispetto ai *Single Malt* sono più morbidi. Esistono anche i *Blended malt*, miscele di Single Malt. Le gradazioni sono di almeno 40% vol. *Es. Johnny Walker Black Label, Dewars, Ballantine's, Cutty Sark, Chivas Brothers, Williams Lawson, White Horses, The Famous Grouse.*
Bourbon Whiskey	Il Whiskey americano prodotto in Kentucky, California, Illinois, Pennsylvania, Indiana e Georgia, ricavato per almeno il 51% da mais e affinato in botti di rovere; dai 40% vol. *Es. Bulleit, Buffalo Trace, Maker's Mark, Knob Creek, Wild Turkey, Woodford, Mitcher's.*
Brandy	Distillato ricavato dal vino, prodotto principalmente in Italia, Spagna e Balcani, che subisce un invecchiamento in rovere; 40% vol. *Es. Villa Zarri, Capovilla, Stravecchio Branca, Vecchia Romagna, Stock, Poli, Arzente Mazzetti, Carlos I, Cardenal Mendoza.*
Cachaça	Distillato brasiliano che viene ricavato dalla canna da zucchero. Rispetto a un Rum, il suo sapore è meno complesso e più ruvido. 40% vol. *Es. Abhela, Vehlo Barreiro, Germana, Magnifica, Yaguara.*
Calvados	Distillato di sidro di mela prodotto in Normandia, Francia e invecchiato almeno 2 anni in barili di quercia; 40% vol. *Es. Boulard, Morin, Château Du Breuil, Chavalier De Touches.*
Champagne	Vino spumante prodotto nell'omonima zona della Francia dai vitigni *Pinot Noir*, *Pinot Meunier* e *Chardonnay*. Il monaco Dom Pérignon ne è considerato l'inventore; 12% vol.
Chartreuse	Storico liquore di erbe prodotto a Vairon, in Francia. Le versioni più utilizzate in miscelazione sono quella *gialla* 40% vol. e quella *verde* 55% vol. Il sapore è erbaceo, speziato e pungente.

Cherry Brandy	Uno stile di liquori di ciliegia dal colore rubino e corposi. Le gradazioni vanno dai 30 ai 40% vol. *Es. Sangue Morlacco Luxardo, Cherry Heering.*
Cola	Soda nera e dolcistra prodotta da diverse case. *Es. Coca-Cola, Pepsi, Schweppes.*
Cognac	Distillato francese ricavato dal vino. A seconda dell'invecchiamemto, minino 2 anni, è classificato con diverse sigle: *AC* (2 anni), *VS* (3 anni), *Napoleon* (4 anni), *VSOP* (5 anni), *XO* (6 anni), *Horse d'age* (molto vecchi); 40% vol. *Es. Merlet, Hennesy, Pierre Ferrand, Camus, Rémy Martin, Martell, Hine.*
Crema di cacao	Liquore di cacao. In commercio esiste sia la varietà *chiara* sia la *scura*. Viene prodotto da diverse aziende con qualità diversa. La gradazione è intorno ai 25% vol. a seconda dalle case produttrici. *Es. Crème de Cacao Tempus Fugit.*
Crema di cocco	Crema analcolica prodotta con noci di cocco, dolce, morbida e setosa. È un prodotto il cui risultato difficilmente riuscirete a replicare home-made e che vi consiglio di acquistare già pronto. Non è la stessa cosa dal latte di cocco. *Es. Naty's, Coco Lopez.*
Crema di menta	Liquore di menta. In commercio esiste sia la varietà *bianca* sia *verde*. Viene prodotto da diverse aziende con qualità diversa. La gradazione è di circa 25% vol. a seconda delle case produttrici. *Es. Crème de Menthe Tempus Fugit, Menthe Pastille Giffard.*
Crème de cassis	Liquore francese ricavato dal ribes nero. La Crème de cassis di Dijon può essere prodotta solo dai liquorifici della città. Ha uno spiccato sapore dolce e acido. La gradazione deve essere almeno 15% vol. ma le aziende più rinomate producono a 25% vol. *Es. L'Heritier-Guyot, Merlet, Chatreux, Philippe De Bourgogne.*
Curaçao	Liquore a base di scorze di *Iaraha*, un tipo di arance che cresce sull'isola di Curaçao, nei Caraibi. Il *Blu Curaçao* è colorato col blu di metilene. La gradazione alcolica è compresa, a seconda dalla aziende, tra i 15-40% vol. *Es. The Genuine Curaçao.*

Distillato	Distillato, o acquavite, è la bevanda ottenuta per distillazione di un liquido zuccherino fermentato, generalmente di origine vegetale. Ha una gradazione intorno ai 40% vol. a salire.
Estratti di frutta	Succhi di frutta freschi, ricavati con un estrattore. Rispetto ai succhi ricavati con la centrifuga sono più corposi e saporiti. Rispetto ai succhi industriali sono un altro pianeta. Buttare a fine serata.
Fernet	Indica in modo generico un infuso amaro a base di china, ma anche genziana, rabarbaro e altre spezie ed erbe aromatiche. *Es. Fernet Branca, Fernet Quaglia, Fernet Nardini, Fernet Gagliardo.*
Genever	Distillato ricavato dall'ammostamento di mais, segale ed orzo, miscela chiamata *Moutwijne*, a cui vengono aggiunti elementi botanici tra cui bacche di ginepro. Sono classificati a seconda dell'invecchiamento e della quantità di Moutwijne, mentre la dicitura *Schiedam* indica una DOC. Il sapore dei cereali è caratteristico; dai 40% vol. *Es. Bols, Notaris.*
Gin	Distillato di cereali aromatizzato con elementi botanici che può essere prodotto: *Distilled Gin*, per ridistillazione di alcol già distillato, allungato con acqua insieme ad elementi botanici; *Compound Gin*, per aromatizzazione dell'alcol già distillato, attraverso macerazione o infusione a freddo; dai 37.5% vol.
Ginger ale e Ginger beer	La **Ginger ale** è una soda dolce aromatizzata allo zenzero. La **Ginger beer** è lavorata con zenzero, limone e zucchero, dal sapore di zenzero più marcato rispetto alla Ginger ale. *Es. Schweppes, Fever Tree.*
Grappa	Distillato di vinacce tutto italiano. Anche se queste categorie non sono citate dal disciplinare, può essere classificata in: *giovane*, *aromatica*, *invecchiata*, *barricata*, *stravecchia* e *aromatizzata*. La gradazione non può essere inferiore ai 37.5% vol. *Es. Mazzetti D'Altavilla, Castagner, Nardini, Nonino, Poli, Levi, Capovilla.*

Irish Whiskey	Whiskey prodotto in Irlanda a partire da un insieme di orzo maltato e non, e a seconda delle ricette altri cereali non maltati. Il prodotto è morbido e delicato; dai 40% vol. *Es. Bushmills, Jameson, Paddy, Tullamore Dew.*
Kahlúa	Liquore dolce prodotto in Messico, dal gusto di caffè e contenente anche vaniglia e sciroppo di mais; 20% vol.
Kina L'Aero D'Or	Vino aperitivo infuso alla china, scorza di arancia, assenzio e altre spezie esotiche, prodotto dalla svizzera Tempus Fugit; 18% vol.
Liquore di anice	Liquori ricavati da anice e liquirizia più o meno dolci a seconda della tipologia e dalla casa produttrice. A gocce, in miscelazione, potete anche utilizzarli in alternativa all'assenzio. *Es. Varnelli, Pernod, Pastis, Meletti.*
Liquore di erbe	Liquori ricavati da erbe. Le gradazioni sono varie a seconda della ricetta; dai 35% vol. *Es. Chartreuse, D.O.M. Bénédictine, Drambuie, Strega, Galliano L'Autentico, Irish Mist.*
Liquore di frutta	Liquori ricavati da frutta. Tra i più utilizzati in miscelazione: liquore di lamponi, more, pesca, albicocca, melone, passion fruit, Crème de cassis. *Es. Merlet, Briottet, Bols, De Kuyper; per il melone Midori; per per i frutti di bosco anche Chambord e Chatreux, i Triple sec all'arancia.*
Liquore di fiori	Liquori ricavati da fiori. Tra i più utilizzati in miscelazione: liquore ai fiori di sambuco, violetta e camomilla. *Es. Merlet, Briottet, Bols, De Kuyper; per la violetta anche Quaglia e Tempus Fugit; per i fiori di sambuco St.Germain.*
Liquori e creme	I liquori sono bevande spiritose che devono avere almeno 15% vol. Si differenziano dai distillati perché a parità di peso contengono più zucchero, almeno 100 g / litro contro i massimo 2% di zucchero dei distillati. I liquori possono essere distillati. Le creme sono sempre liquori, ma con un contenuto zuccherino di almeno 200 g / litro.

London Dry Gin	Lo stile di Gin più famoso e consumato. Questi Gin sono secchi e aromatici. Dai 37.5% vol. *Es. Tanqueray, Gordon's, Beefeater, Number 3, Fifty Pounds, Sipsmith, Bombay Shappire, Plymouth, Ramsbury, Mazzetti, Elephant.*
Maraschino	Liquore dolce ricavato dalla distillazione delle ciliegie marasche, particolarmente aspre; 30% vol. circa a seconda delle case produttrici. *Es. Luxardo, Quaglia, Stock, Maraska.*
Mezcal	Distillato messicano prodotto dal cuore della pianta del *Maguey* (agave), che viene cotto utilizzando ancora metodi tradizionali. Il tipo di agave più utilizzato è *Espadin*, mentre la qualità più pregiata e rara è *Tòbala*. Sono classificati a seconda dell'invecchiamento. Note affumicate e gradazioni dai 40% vol. *Es. Del Maguey, Los Siete Misterios, Neustra Soledad, Alipus, Marca Negra.*
Old Tom Gin	Stile di Gin caratterizzato da distillati più morbidi e profumati rispetto ai *London Dry*. *Es. Tanqueray, Jensen, Hayman's.*
Peycheaud's Bitters	Il Peycheaud's Aromatic Cocktail Bitters è stato inventato nel 1830 dal farmacista A.A. Peycheuad, a New Orleans. A base genziana e altre spezie; 35% vol.
Pimm's N°1	Liquore inglese prodotto con erbe e spezie. Il n°1, il più famoso e diffuso, è a base Gin; 25% vol.
Pisco	Distillato di uva prodotto principalmente in Perù e con modalità diverse in Cile. Non è un Brandy perché non subisce invecchiamenti. Può essere *Puro* (quando viene utilizzato un solo vitigno), *Acholado* (da più vitigni), *Mosto verde* (dalla distillazione di mosto non completamente fermentato). *Quebranta* e *Uvina* sono vitigni meno aromatici, mentre quelli più aromatici *Moscatel* e *Torontel*. *Es. Tabernero, Barsol, Porton, Waqar.*
Porto	Vino liquoroso prodotto in Portogallo. I più comuni e meno eleganti sono i *White* e *Ruby*, mentre i *Tawny*, *Crustad* e *Fine Old Tawny* sono più strutturati e interessanti. *Es. Sandeman, Quinta Do Noval, Taylor.*

Prosecco	Vino bianco prodotto in determinate zone del Veneto e del Friuli, prodotto da uve *Glera* (o Prosecco), *Verdiso*, *Perera*, *Bianchetta*. In certe zone diventa poi DOC o DOCG, con precisi disciplinari di produzione. È un vino frizzante o spumante a seconda del metodo di produzione, si può produrre con *metodo Martinotti/Charmat* o con rifermentazione naturale in bottiglia.
Rum	Distillato prodotto a partire dalla canna da zucchero. Non esiste un disciplinare che ne regolamenti la produzione e, quindi classificare il Rum è impresa ardua. I Rum tradizionali vengono prodotti a partire dalla melassa fermentata, mentre i Rum agricoli a partire dal succo puro fermentato di canna da zucchero. Possono essere *chiari*, *gold*, *scuri*, *invecchiati*, assemblaggi di Rum diversi *(blended)* o *speziati*. Le diciture *Rhum* (stile francese), *Ron* (stile spagnolo), *Rum* (stile inglese), si rifanno alle vecchie colonie del triangolo atlantico e alle loro dominazioni, ma all'interno dello stesso stile troviamo enormi differenze. Il modo in cui si coltiva, fermenta e distilla la canna da zucchero influisce enormemente sul prodotto finale. In linea di massima: i *Ron spagnoli* (tra cui cubani, portoricani e Repubblica Domenicana) hanno un corpo leggero, sentori di legno e vaniglia; i *Rum inglesi* (tra cui giamaicani, Demerara, Bermuda e Barbados), hanno un corpo più pieno, aromi più intensi, sensazione di caramello, maggiore profondità e mordibezza; i *Rhum francesi* (tra cui Martinica e Haiti) sono più strutturati, erbacei e complessi.
Rhum agricolo	Rum ricavato dal succo puro di canna fermentato e prodotto ad esempio in Martinica, Maria Galante, Guadalupe, Madagascar, Haiti, Isla De La Reunion. Sono prodotti strutturati, erbacei, floreali, pungenti e complessi. Le gradazioni dai 40% vol. *Es. HSE, Montebello, Trois Riviere, Karukera, Neisson, Bally, St.James, Clairin.*
Ron cubano	Rum prodotto a Cuba, dal corpo leggero e tra i più utilizzati in miscelazione; dai 38% vol. *Es. Havana Club, Santiago De Cuba, Varadero, Cubay, Legendario.*
Rum Demerara	Rum in stile inglese provenienti dalla Guyana francese, particolarmente apprezzato: dolce, speziato e profumato. La Demerara Distillers, che raccoglie 11 diverse distillerie, è dal 1770 l'unica a produrre questa tipologia di Rum; dai 40% vol. *Es. El Dorado.*

Rum giamaicano	Rum prodotto in Giamaica, dal corpo pieno, sensazione di caramello, morbido e secco allo stesso tempo. *Es. Myers's, Appleton.*
Rum overproof	Rum "che hanno superato la prova", dalla gradazione potente oltre i 50% vol. *Es. Gosling's 151 proof, Lemon Heart 151 proof, Wray & Nephew, Plantation O.F.T.D.*
Rye Whiskey	Whiskey americani prodotti dal 51% di segale. Si differenziano rispetto ai *Bourbon* per la carica aromatica più intensa, perché sono più spigolosi e perché hanno solitamente una gradazione alcolica intorno ai 45% vol. *Es. Bulleit, Sazerac, Knob Creek, Dad's Hat, Mitcher's, Sonoma.*
Sciroppo di agave	Dolcificante prodotto da diverse specie di agave. *Es. Herradura*
Sherry	Vino liquoroso prodotto in Spagna nella zona di Jerez. Le varietà principali sono: *Fino* (*Manzanilla* e *Amontadillo*) secco e dal colore chiaro; *Oloroso* (a sua volta diviso in *Oloroso*, *Cream* e *Pedro Ximénez*) secchi o dolci; *Palo Cortado*, sia secco che dolce. *Es. Lustau, Tio Pepe, Ximénez Spinola.*
Single Malt Whisky	Whisky scozzesi ottenuti dall'assemblaggio di botti tutte delle stessa distilleria. Vengono prodotti nelle isole di: Highland, Lowland, Islay, Skye, Campbell Town, Speyside. A seconda della ricetta possono essere più o meno torbati, salmastri, decisi o profumati; dai 40% vol. *Es. Laphroaig, Talisker, Macallan, Bowmore, Caol Ila, Ardberg, Lagavulin, Glenfiddich.*
Sloe Gin	Liquore a base Gin infuso con bacche di prugnolo selvatico. Le gradazioni vanno dai 15 ai 35% vol. a seconda delle case produttrici. *Es. Elephant, Hayman's, Monkey 47, Sipsmith.*
Soda	Acqua frizzante. *Es. Schweppes, Fever Tree, Perrier.*
Succhi di frutta confezionati	Tra i più utilizzati la cui resa è perfetta, succo di cranberry dal mirtillo rosso americano (non mirtillo nero) e succo di pomodoro. Per altri succhi, se potete, utilizzate estratti di frutta per una resa del drink superiore.
Tabasco	Salsa piccante ricavata dal peperoncino rosso dell'omonima coltivazione varietà *capsicum frutescens*, sale e aceto.

Tequila	Distillato messicano prodotto esclusivamente nella regione di Jalisco, a partire dall'*agave azul*. Il Tequila è un tipo di Mezcal. *Blanco*, nessun tipo di invecchiamento, *Reposado*, invecchiamento in botte tra i 3-11 mesi, *Anejo* invecchiamento minimo di 1 anno. Le tipologie *Mixto*, di bassa qualità, sono composte da minino 51% agave e la restante parte da acquavite di melassa da canna da zucchero e la loro qualità è bassa. *100% agave* indica invece un distillato elegante, fruttato e floreale. Quelle invecchiate hanno un gusto più morbido e sfumature legnose; dai 40% vol. *Es. Calle 23, Tapatio, Ocho, Espolon, Herradura, 1800.*
Tonica	Acqua frizzante dolce e amara, aromatizzata con chinino. *Es. Schweppes, Fever Tree.*
Twist	Con questo termine si intende la sprizzata di olii essenziali della buccia di un agrume sul drink finito, a tutti gli effetti un ingrediente. *Limone*: freschezza; *arancia*: morbidezza, *pompelmo*: complessità; *bergamotto*: profumo; *lime*: acidità.
Triple sec	Categoria di liquori di arancia dove vengono distillate scorze essiccate, dolci e amare. I prodotti variano molto da azienda ad azienda in termini di qualità delle materie prime e gradazione, tra i 15% vol. e i 40% vol. La dicitura *Triple* è oggetto di discussione: chi sostiene si tratti di una tripla distillazione, chi di tre passaggi tra infusione e distillazione, per altri significa tre volte più aranciato. *Sec* invece sta a indicare meno zucchero rispetto al liquore Curaçao. *Es. Cointreau, Aurum, Triplum Luxardo, Combier, Pierre Ferrand Dry Curaçao, Merlet Trois Citrus, Gagliardo.*
Vermouth	I Vermouth sono prodotti da almeno il 75% di vino, perlopiù tipo *Trebbiano*, dolcificati e aromatizzati con infusione alcolica composta da vari elementi botanici, di cui il principale è l'*assenzio maggiore* dal cui nome in tedesco *wermut*. Dal 2017, vista anche la continua creazione sul mercato di questi prodotti, è stato istituito il disciplinare che protegge la specificità dei *Vermouth di Torino*, che li distingue dalla più ampia categoria, attraverso più rigidi parametri in termini di utilizzo di vini, assenzio ed erbe del Piemonte, regione italiana dove nasce e si diffonde.

Vermouth dolci	Ne fanno parte quelli bianchi, rossi o rosati. La differenza di colore è data dalle erbe e dalle spezie, dallo zucchero bruciato o caramello aggiunto, non dal vino utilizzato. Minino 14.5% vol. (16%-22% vol. per il Vermouth di Torino). Quantità di zucchero minima 13%. *Es. Cocchi Storico, Carpano Classico, Carpano Antica Formula, Del Professore, Mancino Rosso, Mulassano Rosso, Dolin Rouge.*
Vermouth dry	Vermouth secchi. Minimo 16% vol. (minimo 18% vol. per il Vermouth di Torino). Quantità di zucchero massima 5% per i dry e 3% per gli extra dry. *Es. Noilly Prat, Carpano Dry, Martini Dry, Mancino Secco, Mulassano Extra Dry, Dolin Dry.*
Vodka	Distillato ricavato da cereali e patate e prodotto in tutto il mondo. Il sapore è nuetro; 40% vol. *Es. Smirnoff, Stolichnaya, Skyy, Belvedere, Grey Goose, Moskowskaya. Absolut, Beluga, Ketel One, Tito's.*
Vodka aromatizzata	Vodka aromatizzata a vari gusti. Le più diffuse in miscelazione sono quelle al limone e alla vaniglia; 40% vol. *Es. Stolichnaya, Absolut, Grey Goose, Ketel One.*
Whisky-ey	Distillato di cereali. Le principali nazioni produttrici: Scozia, Stati Uniti, Canada, Irlanda e Giappone. La parola si scrive in maniera diversa a seconda della provenienza o dal produttore; dai 40% vol.
Whisky giapponesi	Whisky che si ispirano fortemente a quelli scozzesi e gli invecchiamenti avvengono in legni pregiati. Hanno una torbatura leggera o quasi assente rispetto, per esempio, agli Scotch delle Isole, preferendo uno stile più elegante e morbido. Sono prodotti molto apprezzati in miscelazione per via della loro delicatezza e del loro carattere, in sostituzione proprio agli Scotch. *Es. Nikka. Suntory.*
Wray & Nephew	Rum giamaicano overproof bianco, dalla gradazione di 63% vol.
Worchester-shire sauce	Salsa inglese agrodolce e leggermente piccante fatta con cipolle, aglio, acciughe, scalogno, erbe aromatiche e invecchiata 3 anni in botti di legno.

ATTREZZATURE

Un sintetico elenco delle attrezzature necessarie per realizzare drink e preparazioni home-made.

Aerolatte	Frullino elettrico capace di emulsionare i drink contenenti albume d'uovo prima della shakerata in alternativa alla Dry Shake.
Bar spoon	Lungo cucchiaio miscelatore.
Bilancia	Strumento per pesare gli ingredienti.
Blender	Il frullatore. Per realizzare drink o da utilizzare nelle preparazioni home-made.
Caraffe graduate	Per misurare ingredienti e indispensabili per le preparazioni home-made.
Cocktail pick	Stecchini di acciaio o bamboo per le decorazioni.
Colini a maglie fini	Piccoli colini per eseguire la doppia filtrazione insieme allo strainer durante la preparazione del drink. Medi e grandi per le preparazioni home-made.
Coltelli	A lama liscia per tagli decisi e uniformi o dentata per tagli e materie prime più resistenti. Consiglio di averne almeno uno piccolo da 10 cm ed uno medio da 18-20 cm, oltre ad un comodo **tagliere**.
Cup	Cucchiai dosatori con la funzione di pesare il ghiaccio in once (oz) per la preparazione di alcuni drink come ad esempio il Banana Daiquiri.
Dash bottle	Piccole bottigliette con un tappo in grado di dosare i liquidi a gocce.
Essicatore	Apposito fornetto a bassa temperatura per essiccare frutta, verdura o erbe, da utilizzare come garnish o per infusioni.
Estrattore di succhi	Consente di estrarre il succo da frutta e verdura con un risultato corposo e intenso. È diverso dalla centrifuga, il cui risultato del succo è più acquoso e vaporoso.
Filtri carta	Filtri carta conici per eseguire filtrazioni e chiarificazioni.
Grattugia	Per spolverare le spezie in cima ai drink o per la buccia di agrumi.
Ice tools	Sega, coltelli e ice pick pensati per la lavorazione dei blocchi di ghiaccio in pezzi grossolani, cubi, parallelepipedi, sfere, etc.
Jigger	Misurini per versare le quantità di prodotto durante la preparazione dei drink. Solitamente in acciaio, i più diffusi sono quelli a doppio cono e quelli cilindrici dal corpo unico.

Levatappi	Per i tappi delle bottiglie di vino e i tappi a corona.
Metal Pourer	Beccucci dosatori in acciaio e gomma. Se utilizzati nel modo corretto consentono di calcolare le quantità in fase di versaggio (sistema dei bubble) o consentono di versare in modo più comodo e veloce nel jigger.
Mixing glass	Bicchiere con beccuccio che caratterizza la tecnica Stir. Esistono sia in vetro sia in acciaio. Il **gallone** è un mixing glass con la base e molto capiente.
Muddler	Il pestello in policarbonato che si utilizza in alcuni drink, per esempio la Caipirinha.
Paletta	Attrezzo per prendere il ghiaccio.
Pelapatate	Per ricavare le scorze che serviranno per sprizzare i twist e per lavorare gli agrumi in alcune preparazioni home-made.
Pinze	Per maneggiare le decorazioni.
Shaker	Per la tecnica Shake. Lo Shaker classico, chiamato anche **Continentale**, o **Cobbler**, è formato da 3 pezzi: una campana, un filtro centrale e un tappo. Il **Boston** è formato da 2 campane e necessita poi dello strainer. Il **Parisienne** è sempre formato da 2 pezzi, una campana e un tappo dalla forma stondata e affusoalta verso l'alto. Tutte e tre le tipologie esistono in diverse dimensioni. Solitamente lo shaker più diffuso è da 500 ml, il Boston da 900 ml e il Parisienne da 700 ml.
Sifone ISI	Sifone che si utilizza per preparare schiume, salse e infusioni rapide.
Sottovuoto	Macchina in grado di sigillare e conservare sottovuoto. Permette di conservare liquidi, alimenti e preparazioni home-made in appositi sacchetti, rallentandone il deperimento e riducendo lo spazio di stoccaggio. Esistono macchine economiche ad aspirazione esterna e delle altre più costose e professionali a campana.
Spremi-agrumi	Manuale o elettrico, per ricavare spremute dagli agrumi.
Spremi lime	Doppia leva per spremere i lime in modo manuale al momento. Sconsiglio quelli di plastica.
Squeezer	Biberon di plastica con un beccuccio fine per stoccare e utilizzare succhi e preparazioni home-made.

Stopper	Attrezzo per chiudere le bottiglie di vino frizzante.
Strumenti da laboratorio	Non sono indispensabili, ma sono sempre più presenti nei cocktail bar per creare ingredienti unici, velocizzare alcuni processi o ottenere dei risultati inarrivabili. L'**agitatore magnetico** è in grado di mescolare un composto ed è sicuramente un ottimo aiuto per sciogliere a freddo gli sciroppi. L'**evaporatore rotante** separa i solventi, lavora a freddo e consente di creare alcolati, distillati e concentrare i liquidi. Lo **Spinzall** è una centrifuga che consente di chiarificare i liquidi, ossia di separare le parti solide presenti in un liquido facendolo diventare cristallino e dal sapore più pulito. Per esempio possiamo chiarificare il succo di pomodoro o ottenere un succo di banana. Il **sonicatore a ultrasuoni** consente di realizzare infusioni in alcol o acqua in pochi minuti. L'**omogeneizzatore rotore statore** è in grado di creare delle puree molto fini ed emulsionare liquidi.
Strainer	Filtro che si utilizza per trattenere il ghiaccio nello shaker dopo la shakerata o nel mixing glass dopo lo Stir.
Superbag	Sacco microforato che si utilizza per filtrazioni molto fini e chiarificazioni.
Tritaspezie	Strumento elettrico che consente di polverizzare le spezie o ingredienti essiccati.
Twist & Sparkle	Strumento che consente di produrre sode home-made.

BICCHIERI

La scelta dei bicchieri è fondamentale e la loro selezione non deve essere banale. Un bel bicchiere impreziosirà il drink, è esso stesso una decorazione e aumenterà la percezione del gusto. Personalmente preferisco bicchieri eleganti dalle linee pulite ed essenziali, ma in commercio ne potete trovare di ogni tipo e forma, arrivando a bartender che si fanno progettare i bicchieri in funzione dei drink. Una sola regola fondamentale: i bicchieri vanno usati sempre ben freddi, in questo modo limiterete la diluizione del ghiaccio e il drink manterrà più a lungo le sue caratteristiche. Teneteli in freezer, oppure raffreddateli con del ghiaccio prima di costruire o versare il drink.

Tumbler basso	Sono i bicchieri bassi utilizzati per i drink che si costruiscono direttamente nel bicchiere oppure filtrati su ghiaccio (*on the rocks*) o in alcuni casi senza. Le misure vanno dai 270 ml ai 350 ml circa. Solitamente sono cilindrici. Normalmente il contenuto alcolico dei drink che usano questi bicchieri è medio-alto.
Tumbler alto	Sono i bicchieri alti utilizzati per i long drink che si costruiscono direttamente nel bicchiere oppure filtrati su ghiaccio o in alcuni casi senza. Le misure vanno dai 270 ml ai 390 ml circa. Sono solitamente cilindrici. Sono anche chiamati *highball*, per via del ghiaccio che va in alto.
Coppetta	Sono le classiche coppette con le stelo dove si filtrano i cocktail dopo averli shakerati o stirrati. La capacità medià è di circa 180 ml, mentre esistono anche da 110 ml circa per drink più corti e 220 ml circa per drink più lunghi. Possono essere triangolari (sempre più in disuso), tondeggianti (coppa Champagne), con lo stelo più alto e la coppa più alta e stretta o fantasia. I drink che vanno nelle coppette hanno normalmente un tenore alcolico medio-alto.

Tiki mug	Le Tiki mug sono bicchieri di ceramica tipici della miscelazione Tiki. Rappresentano volti, figure umane stilizzate, disegni e richiamano paesi esotici. Nascono come forme di marketing negli anni '60 per aziende e locali Tiki e oggi sono diventati oggetti da collezione. I drink Tiki nascono in bicchieri di vetro e non vanno associati necessariamente a questi bicchieri.
Grog e tazze	Sono bicchieri col manico o di vetro temperato adatti alla consumazione di drink caldi. Le capacità sono di circa 250 ml.
Flûte	Sono i calici alti e stretti per i drink sparkling che contengono vini frizzanti. Normalmente le capacità sono di circa 150-180 ml.
Calice	Sono bicchieri da vino utilizzati per alcuni drink come l'Hugo, o per chi è abituato a servirlo in questo modo, lo Spritz. Le capacità sono variabili, dai 350 ai 450 ml circa.
Bicchieri dedicati	Diversi drink hanno dei bicchieri dedicati. Tra i più famosi la tazza di argento del Mint Julep, la tazza di rame del Moscow Mule, la cocotta di terracotta della Canchanchara o il bicchiere per l'Irish Coffee.

PREPARAZIONI HOME-MADE

Le preparazioni home-made fanno parte sempre di più del lavoro dei barman. Nascono per creare ingredienti non disponibili in commercio, quando il sapore di quelli industriali non soddisfa, per volere utilizzare il fresco, ma soprattutto rappresentano la voglia di personalizzare la proposta creando sapori nuovi. Attenzione, non significa che dovete per forza cimentarvi a realizzare tutto da una materia prima fresca. Esistono in commercio dei prodotti molto validi o inarrivabili (la crema di cocco su tutte), perchè dovete considerare che la realizzazione degli home-made prende tempo ed il costo delle materie prime. Inoltre, al bar, è necessario rispettare delle precise norme igienico-sanitarie e fare le cose con criterio. Nella mia scuola questi argomenti sono oggetto di corsi dedicati. Le principali preparazioni home-made sono molto semplici saguire, altre sono più eleborate o richiedono delle strumentazioni specifiche. Per le preparazioni che contengono frutta e succhi freschi, considerate un tempo di conservazione di 2-3 giorni. Di seguito, le ricette delle preparazioni fondamentali e presenti nei drink di questo libro.

Don's Mix	Unite 100 ml di sciroppo di cannella e 200 ml di spremuta di pompelmo giallo (o in assenza rosa).
Estratto di pera Williams acidificato	Ricavate il succo di pera con un estrattore e scioglietevi 0.4 g di acido citrico per ogni 100 ml. Se non avete un bilancino di precisione aggiungete l'acido con la punta di un cucchiaino, si scioglie istantaneamente, e assaggiate.
Falernum	Pelate 9 lime ed eliminate la parte bianca della scorza con un coltello. Pelate e tagliate a cubetti 150 g di zenzero fresco. In un barattolo schiacciate le scorze e lo zenzero. Aggiungete 150 g di farina di mandorle. Tritate 40 chiodi di garofano e aggiungeteli nel barattolo. Aggiungete 300 ml di Rum chiaro e lasciate macerare tutto per 24h scuotendo di tanto in tanto. Filtrate (meglio se con un superbag) e aggiungete un pari volume di sciroppo di zucchero.
Gardenia Mix	Sciogliete a bagno maria: 90 g di burro, 90 g di miele di acacia o millefiori, 30 ml di sciroppo di vaniglia, 60 ml sciroppo di cannella, 60 ml di Pimento Dram.

Granatina	Sciogliete 150 g di succo fresco di melagrana e 150 g di zucchero bianco.
Honey mix	Sciogliete 70% di miele millefiori o di acacia con 30% di acqua. Per **Honey mix allo zenzero** utilizzate il 30% di estratto di zenzero. Per **Honey mix alla camomilla** 30% di infuso di camomilla.
Liquore di pesca ai chiodi di garofano e pimento	Polverizzate dei chiodi di garofano e del pimento col tritaspezie e lasciateli in infusione nel liquore di pesca per 48h: 1,5 g di ogni spezia per ogni 100 ml. Infine, filtrate con un superbag e/o un filtro carta. Se invece volete procedere con una infusione rapida, mettere liquido e spezie nel sifone ISI seguendo la tacca di livello massimo della capacità del vostro sifone e caricate una capsula di azoto. Aspettate almeno un'ora e filtrate.
Orzata	Frullate 90 g di mandorle dolci, 10 g di mandorle amare (non di più perché sono tossiche!) e 300 ml di acqua. Filtrate con un colino o un superbag. Aggiungete 165 g di zucchero ogni 100 ml di liquido e sciogliete a freddo.
Pimento Dram	In un tritaspezie tritate 10 g di pepe garofanato (*allspice*) e 5 g di cannella. Mettete in infusione in 500 ml di Rum giamaicano per 24 ore e filtrate tutto. È possibile altrimenti eseguire una infusione rapida nel sifone ISI. Infine, aggiungete 90 ml di sciroppo di zucchero.
Polvere di liquirizia e zucchero	Dovete polverizzare in un tritaspezie: 70 g di caramelle di liquirizia pura (quelle nere e dure) e 30 g di di zucchero bianco. Potete anche utilizzare un mortaio ma impiegherete molto tempo. Dopo averla realizzata conservatela in un barattolo ermetico.
Shrub di capperi e passion fruit	Unite 100 ml di sciroppo di passion fruit, 100 ml di sciroppo di zucchero e 100 ml di estratto ricavato dai capperi insieme alla loro acqua di governo.
Shrub UAO	Frullate: 330 ml di birra stout, 1 banana, 50 ml di aceto di riso, 100 ml di scirופppo di zucchero e 100 ml di polpa di mango. Filtrate tutto con un colino a maglie fini e poi con un superbag.
Sciroppo di ananas	Sciogliete 100 ml di estratto di ananas e 150 g di zucchero bianco.

Sciroppo di camomilla	Sciogliete 100 ml di infuso di fiori di camomilla (5 g per litro d'acqua) e 165 g di zucchero bianco.
Sciroppo di cannella	Sciogliete 100 ml di decotto di cannella (5 g per litro d'acqua) e 165 g di zucchero bianco.
Sciroppo di lampone	Schiacciate dei lamponi in un colino a maglie fini. Se il succo è troppo denso aggiungete un po' di acqua. Sciogliete 165 g di liquido ogni 100 ml di succo.
Sciroppo di lime	Pelate dei lime, eliminate con un coltello la parte bianca (albedo) dalle scorze e tagliatele a pezzettini piccoli. Ora copritele con 300 g di zucchero ogni 60 g e con un pestello schiacciate tutto fino a inumidure lo zucchero. Mettete sottovuoto (o in alternativa in un contenitore ermetico) e lasciate riposare al riparo dalla luce per almeno 12 ore o finchè non vedete che lo zucchero si sarà sciolto. Filtrate il liquido dalla scorze, aggiungete 180 g di succo di lime e sciogliete bene.
Sciroppo di passion fruit	Tagliate e metà dei passion fruit, svuotateli in un passaverdura a maglie fini e separate la polpa dai semi (non gettatali). Pesate il liquido e sciogliete pari quantità di zucchero bianco. Sciolto lo zucchero aggiungete pari volume di sciroppo di zucchero. Aggiungete ora i semi e dopo almeno 12 ore di frigo, filtrateli. I semi servono a conferire acidità.
Sciroppo di vaniglia	Tagliate un bacello di vaniglia per il lungo e con la punta di un coltello rimuovete i semi. Mettete tutto in una caraffa, aggiungete 10 ml di acqua tiepida e schiacciate col dorso di un cucchiaio per una prima rapida estrazione. Aggiungete 300 ml di sciroppo di zucchero e lasciate riposare per 24-48 ore.
Sciroppo di zucchero	A freddo, sciogliete 500 g di zucchero e 300 g di acqua. Potete utilizzare un blender o un minipimer. Non è necessario far bollire lo sciroppo, anzi, questa operazione porta al suo ingiallimento.

Sode home-made	Per realizzare sode home-made dovete munirvi di un Twist & Sparkle. Dopo aver realizzato il liquido da gassare, filtratelo al meglio delle vostre possibilità: sicuramente con un colino a maglie fini ed un superbag, o ancora meglio, se siete dei bartender da laboratorio, attraverso una centrifuga o uno Spinzall. Meno il liquido di partenza presenta impurità meno la soda farà schiuma e più sarà cristallina ed esalterà i sapori. Poi, mettete tutto in frigo per almeno 2-3 ore, questa operazione è fondamentale. Ora, inserite la carica con l'anidride carbonica nell'apposito spazio, azionatela, aspettate che il gas sfiati e la soda è pronta. Una volta utilizzata potete rimetterla in frigo e conservarla già gassata.
Soda al pompelmo rosa	Gassate nel Twist & Sparkle: 350 ml di spremuta di pompelmo rosa, 350 ml di acqua minerale e 70 ml di sciroppo di zucchero o di pompelmo (che potrete realizzare come quello di lime).
Soda all'orzata e Falernum	Gassate nel Twist & Sparkle: 200 ml di sciroppo di orzata, 200 ml di Falernum e 350 ml di acqua minerale.
Tepache	Preparate una soluzione al 10% di zucchero utilizzando zucchero di canna integrale. Aggiungete spezie a piacere (es. cannella, chiodi di garofano, anice stellato) e ananas a cubetti lasciando la buccia. Lasciate la preparazione coperta con un panno per 1-2 giorni e mescolate giornalmente fino ai primi segni di fermentazione. Quando compaiono le prime bollicine, chiudete il barattolo con il gorgogliatore e fate fermentare per altri 4-5 giorni. Per gassare il tepache spostate in una bottiglia tappata ermenticamente per 24 ore.

IL GHIACCIO E LE TECNICHE

Le tecniche di costruzione sono i processi che consentono di realizzare i drink e sono 4: **Build**, **Shake**, **Stir** e **Blend**. Esiste anche un quinta tecnica che si chiama **Throwing**, ma dato che la considero una via di mezzo tra la tecnica Shake e la tecnica Stir, ne parlerò in quel paragrafo. In questa analisi, impossibile non considerare il ghiaccio, tecnica per tecnica.

Per ulteriori approfondimenti vi invito a consultare il libro *Miscelare*, scritto nel 2018 insieme al mio collega in Drink Factory Giovanni Ceccarelli, pubblicato da Hoepli.

Ghiaccio

Il ghiaccio è l'ingrediente più importante: permette di raffreddare il drink, diluirlo e mantenerlo freddo.

Il ghiaccio non raffredda perché è freddo, ma perché si scioglie: assorbe calore per fare avvenire il passaggio di stato.

Le variabili che ci interessano sono: *raffreddamento*, *diluizione* e *superficie di contatto ghiaccio-liquido*.

Non esiste raffreddamento senza diluizione.

Maggiore è la superficie di contatto ghiaccio-liquido, maggiore è la velocità di raffreddamento e diluizione.

Un bicchiere pieno di ghiaccio raffredda e diluisce di più di un bicchiere con metà del ghiaccio (quando invece ci hanno sempre detto che un bicchiere andava pieno di ghiaccio per far sì che il drink si diluisse meno!).

I bicchieri vanno colmi di ghiaccio, quando previsto, affinchè il drink abbia una temperatura uniforme, perchè sarà bevuto in un tempo ragionevole affinchè non si diluisca troppo e perchè sarà più bello.

Utilizzate ghiaccio asciutto e non bagnato, quest'ultimo aggiunge diluizione a annacqua il drink.

Raffreddate sempre i bicchieri di servizio!

Le pareti fredde del contenitore dove si lavora il drink e del bicchiere di servizio limitano la diluizione.

Utilizzando ingredienti già freddi si ottiene una diluizione minore a parità di temperatura finale del drink.

Se utilizzate dei blocchi di ghiaccio, vanno tirati fuori dal congelatore il tempo che gli occorre per arrivare a circa 0°, altrimenti a contatto col drink si creperanno per lo shock termico.

I blocchi di ghiaccio sono ottimi per limitare la diluizione secondaria, ossia quando vi versiamo sopra un drink già freddo (vi è meno superficie di contatto rispetto a tanti cubetti).

Il ghiaccio può raffreddare un drink ben al di sotto degli 0°.

Build

Si utilizza quando il drink non ha bisogno di particolare diluizione contenendo già ingredienti come sode o succhi e si costruisce direttamente nel bicchiere di servizio.

1. Raffreddate il bicchiere di servizio
2. Riempite il bicchiere di ghiaccio
3. Versate gli ingredienti
4. Miscelate dal basso verso l'alto
5. Se necessario aggiungete altro ghiaccio
6. Decorate

Ghiaccio

In questo caso il ghiaccio serve a dare un po' di diluizione e a mantenere freddo il drink. Il ghiaccio non deve mai galleggiare. Se assestandosi scende, aggiungetene altro. Il ghiaccio per tutto il bicchiere fa sì che la tempertura del drink sia uniforme. Se avete i prodotti freddi, utilizzate un blocco di ghiaccio, una sfera o una stecca a seconda del bicchiere, è la soluzione migliore avendo meno superficie di contatto rispetto a tanti cubetti e limitando la diluizione. Se non avete i prodotti freddi, utilizzate i cubetti, altrimenti con un unico blocco di ghiaccio farete fatica a raffreddare il drink.

Shake

Si utilizza quando vogliamo raffreddare molto velocemente il drink e modificarne la *texture* (consistenza), rendendola più morbida, causa la dispersione di aria durante la shakerata. Shakerare non serve a miscelare.

1. Versate gli ingredienti nello shaker (tranne i gassati)
2. Riempite lo shaker di ghiaccio
3. Shakerate finchè esternamente lo shaker non sarà congelato
4. Filtrate nel bicchiere di servizio ben freddo con o senza ghiaccio a seconda del drink (e aggiungete eventuali ingredienti gassati)
5. Decorate

Potete utilizzare in modo indifferente un Cobbler, un Boston o un Parisienne. Quello che cambia è la loro dimensione, la quantità e il tipo di ghiaccio utilizzato.

Normalmente eseguo sempre una doppia filtrazione (*double strain*) con un colino a maglie fine, impedendo alle scaglie di ghiaccio di scendere, ma non è obbligatorio. Questa operazione è invece fondamentale nei drink con albume d'uovo dove la schiuma finale deve essere morbida e fine.

Nel caso di drink contenenti albume d'uovo, occorre prima eseguire una **Dry Shake** dove shakerate tutti gli ingredienti senza ghiaccio. Oppure, prima della shakerata, montate per qualche secondo gli ingredienti con un aerolatte. In questo modo le proteine dell'uovo, a caldo, andranno a emulsionarsi meglio.

Ghiaccio

Shakerate solo con cubetti di ghiaccio. Se utizzate un blocco di ghiaccio non riuscirete a raffreddare il drink o se con ghiaccio tritato l'aria non riuscirebbe a lavorare nel modo corretto.

Riempite lo shaker di ghiaccio, ma cercando di lasciare uno spazio di movimento.
Se riempite lo shaker al massimo, lo shaker farà un rumore sordo e impiegherete più tempo per raffreddare il drink.
Se mettete poco ghiaccio, non riuscirete a raffreddare il drink a sufficienza.

Col giusto quantitativo di ghiaccio potrete realizzare: nello shaker da 500 ml fino a 2 drink corti (100 ml) o 1 lungo (150 ml), mentre nello shaker da 750 ml fino a 3 drink corti o 2 lunghi. Oltre questa quantità i drink non saranno freddi a sufficienza.

In alcune ricette Tiki vi sarà indicato di shakerare con ghiaccio tritato e versare tutto nel bicchiere di servizio.
In questo caso non è un errore, ma un modo per attutire l'impatto alcolico che generalmente hanno quelle miscele.

Stir

Si utilizza quando vogliamo raffreddare e diluire, ma non modificare le texture.

1. Raffreddate il mixing glass
2. Versate gli ingredienti
3. Aggiungete il ghiaccio
4. Miscelate col bar spoon in modo da fare girare il ghiaccio (*stir*), non dal basso verso l'alto
5. Filtrate nel bicchiere ben freddo con o senza ghiaccio a seconda del drink
6. Decorate

La tecnica **Throwing** consiste nel lanciare il drink da una parte all'altra di un Boston, riempito con del ghiaccio trattenuto da uno strainer in uno dei due pezzi. La tecnica è molto coreografica e genera diluizione, ma non quanto la tecnica stir, che vi consiglio di utilizzare per ottimizzare il risultato.

Ghiaccio

Raffreddare il mixing glass è molto importante e serve a ottenere un drink più freddo a parità di diluizione raggiunta. In questo caso il calore assorbito dal ghiaccio è solo quello del liquido e non quello che proviene dall'ambiente esterno.

Il mixing glass non deve essere riempito di ghiaccio. La giusta quantità di ghiaccio deve superare di poco il livello degli ingredienti. Troppo ghiaccio, oltre che ad ostacolare l'operazione di stir, rischia solamente di sciogliersi e generare ulteriore diluizione.

Utilizzate ghiaccio a cubetti e non blocchi o sfere, dato che impieghereste troppo tempo per raffreddare e diluire.

In un mixing glass da 500 ml potete realizzare fino a 2 drink corti (100 ml) e 3 in quello da 750 ml.
Per realizzare più drink utilizzate un gallone.

Blend

È la tecnica che prevede l'utilizzo del blender per realizzare drink frozen o da una ghiacciata consistenza più morbida.

1. Versate gli ingredienti nel blender
2. Aggiungete la misura di una paletta rasa di ghiaccio, possibilmente tritato
3. Frullate per 20-30 secondi
4. Versate nel bicchiere ghiacciato
5. Decorate

In molti drink Tiki si utilizza una tecnica chiamata **Flash Blend**, che consiste nel frullare gli ingredienti con una precisa quantità di ghiaccio tritato che si misura in cup.
Il drink non diventa frozen e in superficie si forma una strato di ghiaccio finemente tritato. In realtà il discorso è più ampio, interessante e questa tecnica vuole in qualche modo avvicinarsi al risulato che davano i milkshake mixer del passato dove i drink venivano frullati con ghiaccio a scaglie.

Ghiaccio

La consistenza del drink dipende dalla quantità di ghiaccio utilizzata. Se esagerate col ghiaccio otterrete una consistenza frozen simile a quella di una granita, mentre con meno ghiaccio una consistenza più morbida.
Se il drink contiente anche frutta fresca o ingredienti come sciroppo, polpe e puree, la consistenza sarà più morbida e corposa.

PARTE 2

Dai Punch ai drink IBA

Drink IBA

DAI PUNCH AI DRINK IBA

IBA

L'IBA (International Bartender Association) è stata fondata il 24 febbraio 1951 presso il Grand Hotel di Torquay in Inghilterra, dove si erano dati appuntamento i rappresentanti delle associazioni professionali di barman di sette nazioni: Italia, Inghilterra, Danimarca, Svezia, Svizzera, Olanda e Francia; per l'Italia è presente l'AIBES (Associazione Italiana Barmen e Sostenitori) fondata nel 1949.

Nel 1961 una commissione formata dai migliori barman di tutto il mondo fissa precise regole di dosaggio, una suddivisione dei cocktail in gruppi e una selezione di ben 50 cocktail, i più conosciuti e richiesti.

Questa lista ha subito negli anni diverse modifiche, fino ad arrivare all'attuale versione di febbraio 2020 con 90 cocktail: i cocktail mondiali.

Le precedenti codifiche sono state: nel 1961 con 50 cocktail, nel 1985 con 60 cocktail, nel 1993 con 67 cocktail, nel 2004 e modificata nel 2009 con 67 cocktail, nel 2011 con 77 cocktail.

PILLOLE DI STORIA

In origine si bevevano i **Punch**, parola che significa *cinque* come gli ingredienti di cui normalmente erano composti (distillato-zucchero-limone-acqua-spezie), che i marinai inglesi bevevano nei loro viaggi in nave nel XVI secolo.

-

Dalla metà del 1700, l'avvento della **macchina a vapore** apportò significativi miglioramenti nei processi produttivi dei distillati in termini di qualità, quantità (rendendoli più accessibili), di produzione del ghiaccio, dei primi sistemi di refrigerazione e consentì le importazioni ed esportazioni di prodotti come distillati e Vermouth da e verso l'estero, avendo le navi un motore in grado di reggere lunghi viaggi.

-

La parola **cocktail** è del 1806, descritto per la prima volta dal giornale di New York *Balance and Columbian Repository*.
Inoltre, nasce il desiderio di un cocktail personale e non da condividere, non un Punch conviviale.
Bevande come il Mint Julep e gli Sling diventano popolari in tutti gli Stati Uniti, mentre con l'avvento del **ghiaccio** negli anni 1830-40 i primi Sherry Cobbler.

-

Negli Stati Uniti del 1830, sulla via dell'oro in California, nascono i primi tendoni organizzati a bar, dove a metà del 1800 potevamo trovare il mitico **Jerry Thomas**. Il suo apporto è stato fondamentale perché nel 1862 è l'autore del primo ricettario per bartender *The Bartenders Guide: How To Mix Drinks* e perché fu un precursore dei tempi, insieme all'altro baffuto **Harry Johnson**, autore nel 1888 di un altro libro diverso, ma molto importante per quegli anni, *New and Improved Bartender's Manual.*

-

A cavallo tra il 1800 il 1900, diversi fattori favoriscono la **Golden Age** della miscelazione americana: l'arrivo dall'Europa dei

Vermouth dolci e dry che si vanno ad aggiungere ai già presenti Whiskey, Gin (dove i London Dry prenderanno sempre più piede rispetto ai Genever), Brandy e Sherry, la nascita dei primi **Bitters**, di **bevande gassate** come soda e tonica e la creazione di **attrezzi professionali** come i primi shaker, bar spoon e strainer. È il momento in cui nascono i grandi classici americani come Old Fashioned, Manhattan, Sazerac, Martinez, Whiskey Sour, i Fizz e viene menzionato per la prima volta un Dry Martini.
Le ricette non erano perfette come oggi e spesso nei cocktail erano presenti zucchero o liquori dolci per mascherare i difetti dei prodotti dell'epoca. **William Schmidt** pubblica un importante ricettario moderno nel 1891, *The Flowing Bowl*, e si iniziano a trovare diversi testi e ricettari di bartender americani tra il 1900 e il 1930.
Il **proibizionismo** americano tra il 1920 e il 1933 segna una battuta d'arresto, nascono gli speakeasy clandestini e molti bartender emigrano a Cuba e in Europa.

–

A **Cuba** volavano gli americani assetati durante il proibizionismo e per opera di **Don Facundo Bacardi**, che sfruttò i progressi della distillazione, nasce il **Rum cubano**: cristallino, delicato e più neutro. In una prima fase venivano bevuti i drink di stampo americano, mentre solo in un secondo momento, con l'avvento dell'associazione di barman **Cantineros de Cuba**, i drink a base Rum prendono il sopravvento. **Constantino Ribalaiguia** ed Emilio Maragato rendono grande la miscelazione cubana e drink come il Daiquiri entrano nella leggenda. *When it's Cocktail Time in Cuba* del 1928, del giornalista americano Basil Woon, racconta i drink e le atmosfere di Cuba in quegli anni.

–

In **Europa** tra il 1920 e il 1940 è fondamentale l'avvento dei bartender americani, primo fra tutti **Harry Craddock**, alla guida dell'*American Bar* del Savoy Hotel a Londra e autore del pilastro ancora attuale *The Savoy Cocktail Book* del 1930. In quegli anni e fino alla Seconda Guerra Mondiale impossibile non citare anche il newyorkese **Frank Meier** all'*Hotel Ritz* a Londra e autore di

The Artistry of Mixing Drinks, lo scozzese **Harry MacElhone** all'*Harry's New York Bar* di Parigi e autore di *Barflies and Cocktail*, **Fernand Petiot** e il Bloody Mary, **William Tarling** e il suo *Cafè Royal Cocktail Book* fino ad arrivare al libro di **David Embury** *The Fine Art of Mixing Drinks.*

-

In **Italia**, nel 1786, nasce il **Vermouth** di Antonio Benedetto Carpano che dà il via al prodotto come lo conosciamo oggi, il **Bitter Campari** nel 1860, e dall'unione dei due si bevono Milano-Torino, Americano e Negroni. **Giuseppe Cipriani** inaugura a Venezia nel 1931 il suo *Harry's Bar* famoso per il Bellini. A Roma, ad aggiungersi al già presente *Bar dell'Hotel De Russie*, tra il 1920 e il 1930 nascono il *Bar dell'Hotel Ambasciatori* e il *Bar Rosati*, protagonisti poi della **Dolce vita** romana negli anni '50-'60 insieme al *Cafè De Paris.* I primi libri italiani sui cocktail, che ne sappiamo oggi, sono *Guida al Barman Mixer* di Ferruccio Mazzon del 1920 e *Mille Misture* di Elvezio Grassi del 1924. L'italiano Pietro Grandi scrive negli anni '20 un libro in francese, *Cocktails.*

-

La miscelazione **Tiki** è un fenomeno che ha travolto gli Stati Uniti dagli anni '30, quando **Don The Beachcomber** dà vita a tutto questo col suo primo ristorante polinesiano a Hollywood nel 1934. Piatti esotici accompagnati da Punch mai visti a base Rum, frutta e spezie, il tutto condito da atmosfere e musiche a tema. Insieme a **Trader Vic** rendono grande questo stile che per gli americani diventa una vera e propria cultura a 360°. Questa miscelazione scema poi dopo gli anni '60, per essere oggetto di nuovo e rinnovato interesse a partire dagli anni 2000 coi libri e le ricerche di **Sven Kirsten** e **Jeff "Beachbum" Berry**. Mai Tai e Zombie i drink più famosi ed importanti.

-

Dopo il proibizionismo arriva anche sul mercato americano la **Vodka**, già presente in Europa negli anni '20 e i primi drink a base **Tequila**. Ma è solo dopo la Seconda Guerra Mondiale che la Vodka prende il sopravvento e nascono drink come Screwdriver, Moscow Mule o Black Russian e cresce la richiesta di Vodka Martini. Vengono introdotti poi anche i primi prodotti industriali, come sciroppi e succhi di frutta.

–

Mentre i cocktail classici si continuano a bere negli american bar e nei bar d'albergo, gli anni '70-'90 sono anche caratterizzati dai **disco drink**: cocktail voluminosi, colorati, infuocati, Vodka aromatizzata e dove i barman si cimentano in nuove creazioni storpiando i cocktail classici e le regole di base.
Gli anni '80 sono anche gli anni del **Flair**, uno stile che nasce per velocizzare e rendere spettacolare il lavoro unito a vere e proprie acrobazie con gli attrezzi da banco. Tra i bartender più famosi che negli anni hanno contribuito alla crescita e diffusione del Flair: Cristian Delpech, Nicolas St.James, ma anche l'italiano Francesco Leoni o il più recente Alexander Shtifanov. Oggi il Flair esiste ed è inteso sia come un sistema di lavoro coi beccucci versatori metal pourer, ma è anche sinonimo di "barman acrobatico", competenza in realtà apprezzata in gare ed eventi più che in tutti i contesti.
Sono gli anni del Long Island Iced Tea, del Sex on The Beach, del Cosmopolitan e del film *Cocktail* con Tom Cruise.

–

In Italia, nel 1949, nasce l'**AIBES** a cui dobbiamo dare il merito di avere tramandato non solo drink e ricette, ma una vera e propria cultura del bar, attraverso soggetti carismatici, solo per citarne alcuni: Angelo Zola (primo presidente IBA), Pietro Grandi, Luigi Parenti, Victor Tombolini, Mauro Lotti, Umberto Caselli, Giorgio Fadda. Oggi AIBES è ancora un punto di riferimento, ma esistono anche altre realtà, come ad esempio la mia **Drink Factory**, seguita ma migliaia di bartender.

–

Con una corrente che parte dagli Stati Uniti e che incrocia Londra tra la fine del 1990 e i primi anni del 2000, possiamo conoscere oggi la **rinascita della miscelazione** e farla nostra.

Questo processo è avvenuto grazie ai libri degli americani **Dale DeGroff**, **Gary Regan** e **Ted Haig** sulla miscelazione classica, alle ricerche storiografiche di **David Wondrich**, **Anistasia Miller**, **Jared Brown** e **Jeff Berry**. Il compianto **Sasha Petraske** e il suo Milk & Honey nel 1999 a New York hanno stravolto tutte le regole e ne hanno date di nuove, senza di lui oggi non esisterebbero tutti i cocktail bar moderni, per non parlare del contributo di bartender come **Dick Bradsell**, **Tony Conigliaro**, **Marian Beke**, **Luca Cinalli**, **Agostino Perrone**, **Salvatore Calabrese**, **Erik Lorincz**, **Charles Schumann**, **Jim Meehan**, **Jamie Boudreau**, **Audrey Saunders**, oggi icone del bar contemporaneo. In Italia la prima importante spinta in questo senso è stata l'apertura del **Jerry Thomas Project** a Roma nel 2010.

-

Oggi i bartender sono mediamente molto preparati, esistono dei cocktail bar con una qualità e delle proposte incredibili, sia per quanto riguarda i classici, i twist on classic, i design dei locali ed anche i clienti stessi sono più consapevoli e preparati.
Chi inizia o vive il bar oggi è davvero fortunato!

LA CODIFICA IBA DEL 2020

L'ultima codifica ha selezionato **90 cocktail** più 8 varianti presenti come note all'interno di alcune ricette ed i drink sono divisi in 3 categorie:

- **The unforgettables**, gli indimenticabili che non potranno più uscire dalla lista IBA
- **Contemporary classics**, cocktail relativamente recenti ma affermati
- **New era drinks**, cocktail famosi molto recenti basati sulle evoluzioni dei costumi e delle mode del momento

Questa lista ha visto protagonisti gli italiani **Giorgio Fadda** (mentre sto scrivendo presidente IBA) e l'amico, vicepresidente AIBES, **Samuele Ambrosi**. La lista deve tenere conto di una serie di fattori: la popolarità dei drink in tutto il mondo, l'importanza della loro storia, il fatto che siano in linea coi gusti attuali, le richieste del momento e non ultimo, della facile replicabilità. Proprio quest'ultimo aspetto a mio parere è un fattore determinante perché la bellezza di un cocktail che diventa classico sta nel fatto di poterlo replicare e farlo conoscere facilmente. Personalmente la trovo una lista molto azzeccata. La lista IBA non presenta invece drink analcolici.

Le ricette sono visibili sul sito ufficiale di IBA www.iba-world.com.

LE RICETTE COME PUNTO DI PARTENZA

I drink IBA, e comunque tutti i drink secondo il mio parere, non nascono solo per standardizzare una ricetta, questo significherebbe appiattire le proposte, ma sono dei **punti di partenza**.

Tutti noi utilizziamo prodotti diversi che hanno caratteristiche diverse e ci troviamo a contatto con un pubblico diverso in un contesto diverso. Per questo motivo, senza snaturare la ricetta, sentitevi liberi quando ne avrete la padronanza, di ribilanciare una ricetta in funzione del risultato che volete raggiungere, sulla base dei prodotti che utilizzate o sulla base di ciò che vi viene chiesto.

Prendiamo come esempio un Negroni, composto da Bitter-Gin-Vermouth dolce-twist di agrume: esistono Gin più o meno aromatici, Bitter più o meno amari, Vermouth più o meno dolci o con note uniche e un twist di limone darà un risultato diverso da un twist di arancia.
A voi la scelta dei prodotti e di come gestire il bilanciamento (le quantità) tra i vari ingredienti.

Bilanciare una ricetta significa trovare un equilibrio aromatico tra gli ingredienti. Questo equilibrio è oggettivo e significa imparare ad assaggiare pensando non solo alle proprie preferenze; in modo soggettivo invece scegliete quello che più vi piace, per voi. Dovrete valutarne tutti gli aspetti: il sapore, la texture, la temperatura di servizio, ma anche la presentazione, il bicchiere che usate e il contesto in cui vi trovate. A bilanciare si impara e bisogna allenarsi, questo vuol dire che prima dovrete conoscere bene i prodotti, le loro varie sfumature e affinare il vostro palato.

LE SCHEDE

Per ogni drink troverete una scheda che riporta:

- **Fotografia** del drink (non sempre le decorazioni indicate coincidono, mi sono preso qualche libertà).
- Un'indicazione che racconta il **sapore** del drink.
- Un'indicazione del **tenore alcolico** da 1 a 4 (1 = poco, 4 = molto).
- Una sintetica **introduzione storica.**
- Accanto alla **ricetta IBA** generica, una **ricetta consigliata** che riporta il mio suggerimento di bilanciamento (ve lo ricordate il discorso delle ricette come punto di partenza vero?) e indicando dei prodotti ben precisi.
- **Tecnica di preparazione**, **bicchiere** e **ghiaccio di servizio**, che seguono la mia ricetta.
- Le **quantità** sono in *ml*, oggi l'unità di misura più utilizzata rispetto alla seconda in classifica, le *oz (30 ml = 1 oz)*.
- Una sezione con **note e consigli** dove potrete trovare sia qualche tecnicismo, mie preferenze, o indicazione di eventuali varianti del drink.

GLI ESCLUSI

Oltre alle ricette IBA, ho pensato di aggiungere una sezione fatta di **32 esclusi**. Gli esclusi sono cocktail molto importanti, famosi, grandi classici o modern classic contemporanei che non potevano mancare all'appello. Li ho scelti perché per me sono di riferimento o semplicemente molto buoni. A mia volta ho dovuto escluderne altri, quindi non voglio immaginare le difficoltà di chi si occupa delle codifiche IBA quando si trova davanti alle selezioni!

LE MIE RICETTE

Infine, potrete trovare **8 miei drink**. Il mio stile è quello di creare ricette semplici, composte da pochi elementi e replicabili, dove mi concentro su una combinazione di sapori per creare una preparazione home-made da inserire all'interno di un classico, modificandolo, o un abbinamento che funziona tra gli ingredienti del drink. Il mio obiettivo è creare un nuovo sapore, non banale, affinchè il drink non sia piatto, che venga voglia di berlo dall'inizio alla fine e di richiederlo.

Rispetto al passato, oggi preferisco lavorare con decorazioni abbastanza minimali, per quanto apprezzo molto chi riesce a creare delle decorazioni fini e molto ricercate nel giusto contesto. Adoro in questo senso gli ottimi drink del famosissimo amico Luca Cinalli di base a Londra.

In gergo, variare un classico si dice **twist on classic** (ma non è oggetto di questo libro!) e questo, oltre che parlare di classici, è proprio quello che faccio nei miei corsi in Drink Factory attraverso un metodo fatto di schemi, ragionamenti e abbinamenti.

PARTE 2

Drink IBA

L'origine di questo cocktail non è certa. Compare prima in alcuni libri americani intorno al 1910 ma con degli ingredienti diversi da come lo conosciamo, poi, negli anni a seguire, è presente in diversi ricettari, ma a base Gin e con nomi diversi quali: *Alexandre, Alexander Cocktail n.1 o Princess Mary.*
In *The Savoy Cocktail Book* del 1930 di Harry Craddock invece, compare la stessa ricetta composta da Brandy-crema di cacao-panna, ma con 2 nomi diversi: A*lexander Cocktail n.2 e Panama*, diventando questa combinazione lo standard degli ingredienti.
Diventa molto famoso negli Stati Uniti negli anni '70 ed è presente nella lista IBA dalla prima codifica del 1961, denominato in alcune codifiche *Brandy Alexander*.

BICCHIERE	TECNICA	GHIACCIO
Coppetta 110 ml	Shake	/

RICETTA IBA	RICETTA CONSIGLIATA
30 ml Cognac 30 ml Crema di cacao (scura) 30 ml Panna fresca	45 ml Merlet VS Cognac 15 ml Tempus Fugit Crème de Cacao 15 ml Panna fresca
Decorazione: leggera spolverata di noce moscata	Decorazione: leggera spolverata di noce moscata

Shakerate tutti gli ingredienti e filtrate in una coppetta ghiacciata. Infine, grattugiate in cima un po' di noce moscata.

NOTE E CONSIGLI

- *Le proporzioni uguali tra gli ingredienti non funzionano a mio parere, le quantità di panna e crema di cacao sono eccessive e rendono il cocktail sbilanciato.*
- *Bilanciato come da ricetta consigliata e servito in una coppetta piccola diventa una sorta di "cocktail dessert".*
- ***ALEXANDER N.1**, non IBA, è a base Gin.*
- ***ALEXANDER SISTER'S**, non IBA, è composto da Gin-crema di menta-panna.*
- *Per gli amanti della storia della miscelazione, **ALEXANDER**, che è poi l'**ALEXANDER N.1** di sopra, è la versione col Gin, mentre **BRANDY ALEXANDER** o **PANAMA** quella con Brandy o Cognac.*

ALEXANDER

TENORE ALCOLICO
●●●○

SAPORE
Dolce, cacao, noce moscata e cremoso

IBA – The unforgettables

Un vero cocktail dessert!

I miti dietro a questo cocktail sono tanti, il più menzionato è che il drink sia stato creato nel 1933 in onore del pugile italiano Primo Carnera e la sua vincita dei pesi massimi al Madison Square Garden di New York. La verità è che l'Americano, già alla fine del 1800, in Italia, è una perfetta evoluzione del *Milano-Torino* (pag. 272) o è lui stesso. Probabilmente il *Milano-Torino* veniva chiamato Americano dai tanti turisti statunitensi e al quale si iniziò ad aggiungere un po' di soda per allungarlo e renderlo più fresco. Come per il *Negroni* (pag. 158) di quegli anni, non immaginatevi grandi bicchieri ma, a differenza di oggi, piccoli calici e bicchierini senza ghiaccio e diluizione. Compare per la prima volta nel libro *Guida al Barman Mixer* degli anni '20 di Ferruccio Mazzon, mentre nel libro *1000 Misture* di Elvezio Grassi del 1936 ne troviamo 12 ricette i cui nomi cambiano a seconda dei Vermouth utilizzati.
È tra i drink più richiesti e apprezzati in assoluto ed è presente nella lista IBA dalla seconda codifica del 1985.

BICCHIERE	TECNICA	GHIACCIO
Tumbler 350 ml	Build	Blocco o Cubetti

RICETTA IBA	RICETTA CONSIGLIATA
30 ml Bitter Campari 30 ml Vermouth dolce rosso Splash Soda Twist Limone Decorazione: fetta di arancia	30 ml Gagliardo Bitter Radicale 45 ml Cocchi Storico Vermouth di Torino 30 ml Perrier Twist Limone

Versate gli ingredienti nel bicchiere già freddo pieno di ghiaccio e mescolate delicatamente. Infine, sprizzate il twist di limone e lasciatelo cadere all'interno del drink.

NOTE E CONSIGLI

- *Come per il Milano-Torino (pag. 272) e il Negroni (pag. 158), potete divertirvi a trovare equilibri e sapori diversi variando le proporzioni e le tipologie di Vermouth e Bitter.*
- *Una fetta di arancia lo addolcirà, mentre un twist di agrume gli donerà complessità aromatica. In questo caso preferisco il twist di limone che si sposa molto bene col Bitter e dona freschezza.*
- *Negli Stati Uniti è spesso servito in un bicchiere alto pieno di ghiaccio, con una maggiore quantità di soda ed è chiamato anche* **AMERICANO HIGHBALL**.
- *Il famoso* **NEGRONI SBAGLIATO** *nato al Bar Basso di Milano, non IBA, prevede Prosecco al posto della soda. Tecnicamente, sarebbe più corretto chiamarlo "Americano Sbagliato" dato che il Negroni usa un'altra tecnica di preparazione.*

AMERICANO

TENORE ALCOLICO
●●●○

SAPORE
Dolce, amaro, abboccato, fresco, frizzante e profumo di limone

IBA – The unforgettables

L'aperitivo perfetto!

Unico drink della lista IBA che contiene Calvados.
Il drink nasce certamente negli anni '20, per poi essere menzionato e adattato per la prima volta nel libro *The Savoy Cocktail Book* del 1930 di Harry Craddock.
È presente nella lista IBA dalla prima codifica del 1961.

	BICCHIERE	TECNICA	GHIACCIO
	Coppetta 180 ml	Shake	/

RICETTA IBA

30 ml Gin
30 ml Apricot Brandy
30 ml Calvados

RICETTA CONSIGLIATA

45 ml Ramsbury London Dry Gin
15 ml Merlet Lune D'Abricot
15 ml Boulard Pays D'Auge X.O. Calvados
15 ml Estratto di mela fresco

Twist Limone

Shakerate tutti gli ingredienti e filtrate in una coppetta ghiacciata.
Infine, sprizzate il twist di limone.

NOTE E CONSIGLI

- *Bilanciato in parti uguali rischia di essere molto secco e potente.*
- *Preferisco aggiungere un po' di estratto fresco di mela per esaltare il sapore del Calvados e alleggerire l'impatto alcolico del drink.*
- *Se lo ritenete, potete aggiungere 5 ml di sciroppo di zucchero per renderlo più dolce e corposo.*
- *In questo caso il twist di limone serve anche a donare una maggiore freschezza.*

ANGEL FACE

IBA – *The unforgettables*

TENORE ALCOLICO
●●●○

SAPORE
Dolce, aromatico, secco, mela, albicocca e profumo di limone

Calvados!

Cocktail pre-proibizionista creato da Hugo Ensslin e che troviamo per la prima volta nel suo libro *Recipes for Mixed Drinks* del 1916.
Il cocktail diventa famoso nel 1930, adattato nel libro *The Savoy Cocktail Book* di Harry Craddock, dove però viene escluso il liquore di violetta, probabilmente per la difficile reperibilità. Ciò ha causato il diffondersi di due versioni distinte. Oggi il liquore di violetta è facilmente reperibile ed è stato rimesso in commercio proprio per un rinnovato interesse verso la miscelazione classica.
Il colore dell'Aviation è un omaggio al colore del cielo, ai primi voli e agli aviatori.
Il drink è presente nella lista IBA dalla codifica del 2011.

BICCHIERE	TECNICA	GHIACCIO
Coppetta 180 ml	Shake	/

RICETTA IBA

45 ml Gin
15 ml Luxardo Maraschino
15 ml Succo di limone fresco
1 bar spoon Crema di violetta

RICETTA CONSIGLIATA

50 ml Fifty Pounds London Dry Gin
10 ml Tempus Fugit Liqueur De Violettes
5 ml Luxardo Maraschino
15 ml Succo di limone fresco

Twist Limone

Shakerate tutti gli ingredienti e filtrate in una coppetta ghiacciata. Infine, sprizzate il twist di limone.

NOTE E CONSIGLI

- *Per accentuare il sapore e dare corpo, potere provare ad aggiungere 5 ml di sciroppo di zucchero.*
- *Il twist di limone dona freschezza e completa il profilo aromatico del drink.*
- *CASINO (pag. 82), IBA, è senza crema di violetta, con Orange Bitters e a base Old Tom Gin.*
- *LAST WORD (pag. 130), IBA, è simile, con Chartreuse verde al posto della crema di violetta.*
- *BLUE MOON, non IBA, è senza maraschino.*
- *EAGLE'S DREAM, non IBA, è la variante senza liquore maraschino, con un po' di zucchero e albume pastorizzato.*

AVIATION

IBA – *The unforgettables*

TENORE ALCOLICO

●●●○

SAPORE
Dolce, acido, floreale, ciliegie marasche e profumo di limone

Si vola!

La ricetta è di Benito Cuppari, con la quale verso la fine degli anni '60 vinse una competizione organizzata da AIBES a St.Vincent in Valle D'Aosta. Cuppari, genovese, fu capo barman della nave da crociera Michelangelo dal 1965 al 1972, ammiraglia della Società Italiana di Navigazione, dove mentre viaggiava tra l'Europa e i Caraibi sperimentò miscele tra frutta tropicale, liquori e vini italiani.
Il cocktail è presente nella lista IBA dalla codifica del 2011.

BICCHIERE	TECNICA	GHIACCIO
Tumbler alto 370 ml	Shake	Blocco o Cubetti

RICETTA IBA

45 ml Rum gold
15 ml Galliano
60 ml Succo d'ananas fresco
5 ml Succo di lime fresco
A completare Prosecco

Decorazione: fettina d'ananas, ciliegina, menta

RICETTA CONSIGLIATA

45 ml Don Papa Rum
15 ml Galliano L'Autentico
60 ml Estratto di ananas fresco
10 ml Succo di lime fresco
5 ml Sciroppo di vaniglia
A completare Balan Prosecco

Decorazione: menta

Shakerate tutti gli ingredienti tranne il vino, filtrate nel bicchiere di servizio freddo, pieno di ghiaccio, e completate col Prosecco ghiacciato. Infine, decorate.

NOTE E CONSIGLI

- *Nella ricetta originale, Cuppari serviva il drink direttamente in un ananas svuotato. Se volete provarci, vi consiglio di mettere l'ananas svuotato in freezer in modo che non diventi molle.*
- *Preferisco aggiungere una piccola quantità di sciroppo di vaniglia (richiamo al Galliano alla vaniglia), pag. 30, per conferire un'ulteriore nota dolce al drink.*
- *Per quanto Cuppari ne è sicuramente il creatore, troviamo una versione adattata e interessante servita in coppetta, nel libro del 1977 Jones' Complete Barguide di Stanley Jones. Se volete provarla, diminuite la quantità di estratto di ananas portandola a 30 ml e filtrate in coppetta da 180 ml aggiungendo il Prosecco in finale.*

BARRACUDA

TENORE ALCOLICO
●●○○

SAPORE
Dolce, acido, lime, vaniglia, erbaceo, Prosecco, fresco e frizzante

IBA – New era drinks

Un italiano tocco tropicale!

Bee's knees è uno slang americano che durante il periodo proibizionista significava qualcosa di simile a *il migliore*: le ginocchia delle api non esistono e sono qualcosa di eccezionale.
Il drink è accredito a Frank Meier, capo barman dell'*Hotel Ritz* a Parigi durante gli anni '20, composto da Gin-limone-miele, mentre l'aggiunta di spremuta di arancia viene dal libro del 1948 *The Fine Art of Mixing Drinks* di David Embury.
Semplice, efficace e sofisticato, è presente nella lista IBA dalla codifica del 2020.

	BICCHIERE	TECNICA	GHIACCIO
	Coppetta 180 ml	Shake	/

RICETTA IBA	RICETTA CONSIGLIATA
52,5 ml Dry Gin	60 ml Beefeater London Dry Gin
22,5 ml Succo di limone fresco	30 ml Succo di limone fresco
22,5 ml Spremuta di arancia	20 ml Honey mix
2 bar spoon Miele	
Twist Arancia o Limone	Twist Limone

Shakerate tutti gli ingredienti e filtrate in una coppetta ghiacciata. Infine, sprizzate il twist di limone.

NOTE E CONSIGLI

- *Preferisco la versione originale di Meier senza spremuta di arancia, che in questo caso trovo con un'acidità più interessante.*
- *Se utilizzate direttamente il miele, va stemperato col succo di agrume prima di shakerare.*
- ***HONEYSUCKLE**, non IBA, a base Rum chiaro.*
- ***HONEY BEE**, non IBA, a base Rum giamaicano.*
- ***GOLD RUSH**, non IBA, a base Bourbon.*

BEE'S KNEES

IBA – New era drinks

TENORE ALCOLICO
●●●○

SAPORE
Dolce, acido, aromatico, limone, miele, profumo di limone, morbido e fresco

Semplice e sofisticato

Il Bellini è un'icona tutta italiana creata nel 1948 all'*Harry's Bar* di Venezia dalle mani di Giuseppe Cipriani.
Il nome è invece ispirato al pittore veneziano Giovanni Bellini, ricordando il colore del drink quello della toga dei santi in uno dei suoi dipinti. La leggendaria aggiunta di lamponi per rosare il drink non appartiene invece a Cipriani, quanto alla versione industriale del drink che nasce molti anni dopo.
È considerato lo sparkling cocktail (contenenti vini frizzanti) a base frutta più famoso al mondo ed è presente nella lista IBA dalla codifica del 1985.

BICCHIERE	TECNICA	GHIACCIO
Flûte 150 ml	Build	/

RICETTA IBA	RICETTA CONSIGLIATA
100 ml Prosecco	100 ml Borgoluce Prosecco
50 ml Purea di pesca bianca	50 ml Estratto di pesca bianca

Versate l'estratto di pesca e successivamente il Prosecco, in questo modo si formerà una schiuma morbida, in un mixing glass freddo o ancora meglio nel gallone. Mescolate delicatamente e versate nel bicchiere freddo ottenendo un piacevole cappello di schiuma in superficie.

NOTE E CONSIGLI

- *Se non avete le pesche bianche fresche, NON fatelo.*
- *Il succo migliore è quello ricavato con l'estrattore perché più corposo. Non frullate le pesche, serve il succo e non la polpa. Se al succo aggiungete 0.2% di acido ascorbico, ne eviterete l'imbrunimento.*
- *È solitamente servito in una flûte, ma nasce e può essere servito anche in un piccolo bicchiere.*
- *PUCCINI, variante indicata nella lista IBA, a base di spremuta di mandarino.*
- *ROSSINI, variate indicata nella lista IBA, a base purea di fragole fresche.*
- *TINTORETTO, variante indicata nella lista IBA, a base di succo di melagrana.*
- *MIMOSA (pag. 146), IBA, a base spremuta di arancia.*
- *TIZIANO, non IBA, a base di succo di uva fragola.*

BELLINI

TENORE ALCOLICO
●○○○

SAPORE
Dolce, Prosecco, pesca, morbido e frizzante

IBA – Contemporary classics

Cipriani, maestro di stile

Il drink è stato creato da Harry MacElhone all'*Harry's New York Bar* di Parigi negli anni '30 ed è una rivisitazione del *Sidecar* (pag. 194). L'altra teoria è che invece sia stato creato nei primi del 1900 a Londra.
È presente nella lista IBA nella prima codifica del 1961, per poi essere stato eliminato nelle successive, fino ad essere stato reinserito in quella del 2011.

BICCHIERE Coppetta 180 ml	**TECNICA** Shake	**GHIACCIO** /

RICETTA IBA

30 ml Rum bianco
30 ml Cognac
30 ml Triple sec
20 ml Succo di limone fresco

RICETTA CONSIGLIATA

25 ml Santa Teresa Claro Ron
25 ml Cognac Pierre Ferrand Ambré
10 ml D.O.M. Bénédictine
20 ml Pierre Ferrand Dry Curaçao
20 ml Succo di limone fresco

Shakerate tutti gli ingredienti e filtrate in una coppetta ghiacciata.

NOTE E CONSIGLI

- *La versione consigliata è quella che ho adattato dal libro Bottom Up del 1951 di Ted Saucier, dove il liquore D.O.M. Bénédictine dona una interessante nota erbacea.*
- *Se preferite, potete anche aggiungere 5 ml di sciroppo di zucchero per conferire corpo e una nota di dolcezza in più nel vostro equilibrio.*

BETWEEN THE SHEETS

IBA – The unforgettables

TENORE ALCOLICO
●●●○

SAPORE
Dolce, acido, limone, arancia e fresco

Tra le lenzuola...

Grande classico creato da Gustav Tops nel 1949, bartender al *Metropolitan* Hotel di Bruxelles per l'ambasciatrice americana Perle Reid Mesta in Lussemburgo.
Il drink è nella lista IBA dalla codifica del 1985.

BICCHIERE	TECNICA	GHIACCIO
Tumbler basso 270 ml	Stir	Blocco o Cubetti

RICETTA IBA	RICETTA CONSIGLIATA
50 ml Vodka 20 ml Liquore al caffè	50 ml Moskovskaya Vodka 20 ml Kahlúa

Versate tutti gli ingredienti in un mixing glass ben freddo, stirrate con ghiaccio a cubetti e filtrate in un tumbler freddo pieno di ghiaccio.

NOTE E CONSIGLI

- *IBA indica come tecnica di preparazione Build, ma in realtà la tecnica Stir consente in questo caso una diluizione necessaria.*
- **WHITE RUSSIAN**, *variante indicata da IBA, prevede l'aggiunta in superficie di 30 ml di panna fresca. In questo caso la panna va leggermente addensata, shakerandola a secco oppure comodamente con un aerolatte. Il drink è anche famoso per essere il preferito di Jeff Bridges nel film "Il Grande Lebowsky".*
- **COLORADO BULLDOG**, *non IBA, prevede di shakerare gli ingredienti insieme a 20 ml di panna fresca, filtrarli in un tumbler basso con ghiaccio e di colmare con una spruzzata di cola.*

BLACK RUSSIAN

TENORE ALCOLICO
●●●●

SAPORE
Dolce, caffè e deciso

IBA – Contemporary classics

Un dopocena perfetto

Il Bloody Mary è stato creato dalla star di Hollywood George Jessel negli anni '20, unendo Vodka e succo di pomodoro, mentre il barman Fernard Petiot, al famoso *Harry's New York Bar* di Parigi, aggiunse le spezie perfezionando quello che è il cocktail odierno. Questo è quello che afferma lo stesso Petiot in un'intervista al *New York Magazine* del 1964. Per l'origine del nome invece ci sono diverse teorie. Una si rifà ad una cameriera di nome Mary del bar *Bloody Buck* di Chicago da dove provenivano due clienti di Petiot a Parigi. Qualcuno sostiene che il nome sia riferito alla Regina d'Inghilterra Maria Tudor 1°, soprannominata *Maria la sanguinaria*. Altri pensano che il drink sia stato ispirato all'attrice Mary Pickford.
Il Bloody Mary fa parte della lista IBA dalla prima codifica del 1961.

BICCHIERE	TECNICA	GHIACCIO
Tumbler basso 350 ml	Stir	Blocco o Cubetti

RICETTA IBA

45 ml Vodka
90 ml Succo di pomodoro
15 ml Succo di limone fresco
2 gocce Salsa Worchestershire,
A piacere Tabasco, sale e pepe

Decorazione: sedano e/o spicchio di limone

RICETTA CONSIGLIATA

40 ml Tito's Vodka
90 ml Succo di pomodoro
10 ml Succo di limone fresco
15 ml Salsa Worchestershire
2 gocce Tabasco
QB Sale e pepe

Decorazione: sedano

Versate tutti gli ingredienti analcolici in un mixing glass freddo senza ghiaccio e miscelate. In questo modo le spezie si scioglieranno meglio che a contatto con l'alcol. Versate ora la Vodka, aggiungete il ghiaccio e miscelate (non troppo!) gli ingredienti. Filtrate in un tumbler basso e a seconda del risultato che volete ottenere, aggiungete ghiaccio o meno. Nel primo caso il drink potrebbe diluirsi spegnendo il sapore del pomodoro, nel secondo caso il drink avrà meno diluizione ma sentirete di più il suo sapore.

NOTE E CONSIGLI

- *Aumentando la quantità della salsa Worchestershire, il drink diventa ancora più saporito.*
- *RED SNAPPER, non IBA, è a base Gin.*
- *VIRGIN MARY, non IBA, variante analcolica (aumentate il pomodoro a 120 ml).*
- *BULL SHOT, non IBA, utilizza brodo al posto del succo di pomodoro.*
- *BLOODY BULL SHOT, non IBA, utilizza sia brodo che succo di pomodoro: 30 ml e 30 ml.*

BLOODY MARY

TENORE ALCOLICO
●●○○

SAPORE
Umami, speziato, pomodoro, piccante e morbido

IBA – Contemporary classics

Il cocktail più saporito del mondo!

La variazione a base Rye Whiskey del *Negroni* (pag. 158).
Creato dal barman Harry MacElhone per Erskyne Gwynne, l'editore di *The Boulevardier*, una rivista per espatriati americani a Parigi, come lo stesso MacElhone, negli anni '30. La ricetta è presente nel libro di MacElhone del 1927 *Barflies and Cocktails*, mentre fa parte della lista IBA dall'ultima codifica del 2020.

	BICCHIERE	TECNICA	GHIACCIO
	Tumbler basso 350 ml	Stir	Blocco o Cubetti

RICETTA IBA	RICETTA CONSIGLIATA
45 ml Bourbon o Rye Whiskey 30 ml Bitter Campari 30 ml Vermouth dolce rosso	40 ml Bulleit Rye Whiskey 20 ml Gagliardo Bitter Radicale 30 ml Cocchi Storico Vermouth di Torino
Twist Arancia o Limone	Twist Arancia e Limone

Versate tutti gli ingredienti in un mixing glass ben freddo, stirrate con ghiaccio a cubetti e filtrate in una tumbler freddo e pieno di ghiaccio. Infine, sprizzate i twist degli agrumi.

NOTE E CONSIGLI

- *IBA indica di filtrare il drink in coppetta, ma in molti casi, come per il Negroni, viene servito in un tumbler basso pieno di ghiaccio.*
- *OLD PAL, non IBA (è stato un drink IBA in realtà nella prima codifica del 1961), è composto da: Bourbon-Vermouth dry-Bitter-twist di limone, preparato con tecnica Stir e servito in coppetta senza ghiaccio.*

BOULEVARDIER

IBA – The unforgettables

TENORE ALCOLICO
●●●●

SAPORE
Dolce, amaro, abboccato, cereali e profumo di agrumi

Un Negroni al Rye!

Una delle creazioni più riuscite di Dick Bradsell, bartender che ha influenzato la scena della miscelazione londinese (e non solo) negli anni '80-'90 e lasciando una grande eredità. Il drink nasce nel 1984 al *Fred's Club* di Soho a Londra.
Fondamentalmente è una variazione di un *Gin Sour*, con l'aggiunta di crema di more in cima e reso molto fresco dal ghiaccio tritato. La crema di more è un ricordo di infanzia di Bradsell, che le raccoglieva da bambino sull'isola di White.
Il Bramble è presente nella lista IBA dalla codifica del 2011.

BICCHIERE	TECNICA	GHIACCIO
Tumbler basso 350 ml	Shake	Tritato

RICETTA IBA

50 ml Gin
25 ml Succo di limone fresco
12,5 ml Sciroppo di zucchero
15 ml Liquore alle more

Decorazione: fetta di limone e more

RICETTA CONSIGLIATA

50 ml Plymouth Gin
30 ml Succo di limone fresco
15 ml Sciroppo di zucchero
15 ml Chambord Black Raspberry Liqueur

Decorazione: more

Shakerate tutti gli ingredienti tranne il liquore e filtrate in un tumbler basso freddo e colmo di ghiaccio tritato. Ora, versate delicatamente il liquore in modo circolare sulla superficie del bicchiere in modo da ottenere un effetto sfumato. Infine, decorate con una o due more.

NOTE E CONSIGLI

- *Per ottenere una dolcezza e un'acidità diversa, potete di sostituire il liquore alle more con la più acida Crème de cassis.*

BRAMBLE

TENORE ALCOLICO
●●○○

SAPORE
Dolce, acido, aromatico, limone, frutti di bosco e fresco

IBA – New era drinks

Un drink imperdibile!

Il drink è presente tra i 10 cocktail del libro di Jerry Thomas *Bartender's Guide* del 1862 e fu inventato dal barman Joseph Santini al *Jewel of The South* di New Orleans nel 1852. Fu il primo cocktail dell'epoca a usare in modo rivoluzionario il succo di limone fresco e la parola *crusta* (si pronuncia *crasta*) riferendosi alla crusta di zucchero intorno al bordo del bicchiere.
È un cocktail molto importante perché la sua struttura ha dato vita a numerose variazioni più o meno famose, oltre che essere un drink base Brandy davvero piacevole.
È presente nella lista IBA dalla codifica del 2011.

BICCHIERE	TECNICA	GHIACCIO
Coppetta stretta 180 ml	Shake	/

RICETTA IBA

52,5 ml Brandy
7,5 ml Luxardo Maraschino
1 bar spoon Curaçao
15 ml Succo di limone fresco
1 bar spoon Sciroppo di zucchero
2 dashes Bitters

Decorazione: crusta di zucchero bianco e una lunga scorza d'arancia o limone lungo tutto il bordo interno del bicchiere

RICETTA CONSIGLIATA

45 ml Mazzetti Brandy 12 anni
5 ml Luxardo Maraschino
25 ml Succo di limone fresco
10 ml Sciroppo di zucchero
2 dashes Angostura Orange Bitters

Decorazione: crusta di zucchero bianco e una scorza di limone incastonata nel bicchiere

Bagnate il bordo di una coppetta ghiacciata con una fetta di limone e immergetela nello zucchero creando la crusta. Shakerate tutti gli ingredienti e filtrate nella coppetta. Infine, incastonate la scorza di limone.

NOTE E CONSIGLI

- *IBA indica di utilizzare la tecnica Stir, mentre io preferisco la tecnica Shake con la quale è possibile ottenere un drink più fresco ed esaltandone l'acidità.*
- *Per quanto riguarda invece il sapore di arancia, preferisco utilizzare un Orange Bitters.*
- *Variando il distillato di base è possibile ottenere:* **GIN CRUSTA, RUM CRUSTA, WHISKEY CRUSTA**, *etc.*
- **SIDECAR** *(pag. 194), IBA, è composto da Brandy-Triple sec-succo di limone.*
- **ALABAZAM**, *non IBA, è senza il liquore maraschino.*

BRANDY CRUSTA

TENORE ALCOLICO
●●●○

SAPORE
Dolce, acido, ciliegie marasche, arancia, limone e profumo di limone

IBA –The unforgettables

Il primo Crusta!

Tra i più richiesti al mondo.
Caipirinha è un termine che rimanda ai contadini e alla campagna perché in origine era la bevanda tradizionale delle zone rurali del Brasile. Un drink semplice, rustico, molto concreto, dove la Cachaça utilizzata rappresenta lo spirito del Brasile.
Il drink è presente nella lista IBA dalla codifica del 2004.

BICCHIERE	TECNICA	GHIACCIO
Tumbler basso 350ml	Build	Tritato

RICETTA IBA

60 ml Cachaça
1 Lime a spicchi
4 bar spoon Zucchero di canna bianco

RICETTA CONSIGLIATA

60 ml Magnifica de Faria Traditional Cachaça
1 Lime a spicchi
2 bar spoon Zucchero bianco

Lavate bene il lime. Con un coltello a lama seghettata tagliatene le estremità, poi dividetelo in due pezzi per la parte lunga ed eliminate con un taglietto a V la parte bianca centrale (che rischia di portate un sapore amaro). Tagliate ogni metà lime in 4-6 pezzettini, metteteli insieme allo zucchero nel bicchiere di servizio ben freddo e pestate tutto con un muddler, cercando di fare uscire tutto il succo e gli olii essenziali della buccia. Sciogliete lo zucchero col bar spoon e solo ora aggiungete la Cachaça. È importante aggiungere lo spirito prima del ghiaccio e non dopo, perché è in grado di catturare meglio gli olii essenziali della buccia. Aggiungete ghiaccio tritato, date una leggera shakerata direttamente nel bicchiere con un mezzo Boston e il drink è pronto. Se necessario aggiungere in cima altro ghiaccio tritato.

NOTE E CONSIGLI

- *Viene spesso servita con un bastoncino di legno per continuare a mescolare.*
- *Aggiungendo della frutta da schiacciare o una quantità di circa 50 ml di succo o estratto, otterrete delle Caipirinhe fruttate.* **CAIPIRINHA AL PASSION FRUIT**, *non IBA, è sicuramente quella più famosa.*
- **CAIPIROSKA** *e* **CAIPIRISSIMA** *sono le varianti indicate da IBA, la prima a base Vodka e la seconda a base Rum chiaro. Molto famosa la* **CAIPIROSKA ALLA FRAGOLA**.
- *Le* **BATIDE**, *invece, sono bevande tradizionali brasiliane a base Cachaça e frutta.*

CAIPIRINHA

IBA – Contemporary classics

TENORE ALCOLICO
●●●●

SAPORE
Dolce, acido, lime
e rustico

Lo spirito del Brasile

Questa miscela tradizionale fa parte della storia di Cuba, anche se in diversi pensano che provenga in realtà da Trinidad, e ha accompagnato i rivoluzionari cubani *mambises* nelle guerre di indipendenza dagli spagnoli alla fine del XIX secolo. La bevanda era bevuta calda (temperatura ambiente) come nutriente e corroborante, mescolando aguardiente, miele, agrumi e consumata nella tipica cocotta di terracotta, la *jicara* a forma di zucca. Oggi la bevanda è preparata fredda ed è possibile trovare in commercio anche cocotte artigianali dedicate.
Il drink fa parte della lista IBA dall'ultima codifica del 2020.

BICCHIERE	TECNICA	GHIACCIO
Cocotta 270 ml	Build	Tritato

RICETTA IBA

60 ml Aguardiente Cubano
15 ml Succo di lime fresco
15 ml Miele
50 ml Acqua

Decorazione: spicchio di lime

RICETTA CONSIGLIATA

60 ml Santero Aguardiente
20 ml Succo di lime fresco
20 ml Honey mix

Decorazione: spicchio di lime

Nel bicchiere di servizio, freddo, sciogliete l'honey mix e il succo di lime, successivamente aggiungete l'Aguardiente e colmate con ghiaccio tritato. Miscelate bene dal basso verso l'alto con il bar spoon in modo da amalgamare bene gli ingredienti, aggiungete altro ghiaccio tritato perché sicuramente il livello scenderà e decorate con uno spicchio di lime.

NOTE E CONSIGLI

- *Se seguite le indicazioni di IBA, dovete per prima cosa sciogliere miele, lime e acqua nel bicchiere di servizio, altrimenti potete preparare un pratico honey mix (pag. 29).*
- *Se come risultato volete ottenere un drink ancora più fresco e con impatto alcolico più basso, potete costruirlo con tecnica shake e filtrarlo su ghiaccio tritato.*
- *Gli Aguardiente sono prodotti non troppo diffusi e non sempre di grande qualità; in alternativa il consiglio è quello di utilizzare un Rum chiaro cubano. Oppure, come consiglia Jimmy Bertazzoli al suo bar "Aguardiente", comporre un vostro blend, ad esempio: 25 ml Ron cubano, 25 ml Aguardiente e 10 ml Rhum agricolo bianco.*

CANCHANCHARA

TENORE ALCOLICO

●●●○

SAPORE
Dolce, acido, miele e fresco

IBA – New era drinks

Il primo cocktail cubano della storia!

Compare per la prima volta nel libro di Hugo Hensslin del 1916 *Recipes for Mixed Drinks*, ma viene reso celebre quando appare nel *Savoy Cocktail Book* di Harry Craddock nel 1930, oltre ad essere presente in diversi libri di quegli anni tra cui *The Fine Art of Mixing Drink* di David Embury del 1948. Proprio Embury sottolinea il fatto che lo stesso drink chiamato Casino su altri libri, ma fatto con Gin, Cointreau, Slivovitz e Vermouth italiano, sia un orrore!
Negli ingredienti è simile all'*Aviation* (pag. 58), ma a base di Old Tom Gin (dalle note più dolci rispetto ad un London Dry Gin), senza crema di violetta e reso complesso dall'Orange Bitters.
È presente nella prima codifica IBA del 1961, per poi essere tolto ed essere reinserito da quella del 2011.

BICCHIERE	TECNICA	GHIACCIO
Tumbler 270 ml	Shake	Blocco o Cubetti

RICETTA IBA	RICETTA CONSIGLIATA
40 ml Old Tom Gin	50 ml Jensen Old Tom Gin
10 ml Liquore Maraschino	5 ml Luxardo Maraschino
10 ml Succo di limone fresco	20 ml Succo di limone fresco
2 dashes Orange Bitters	2 dashes Angostura Orange Bitters
Twist Limone	Twist Limone
Decorazione: ciliegina	Decorazione: ciliegina

Shakerate tutti gli ingredienti e filtrate nel bicchiere freddo e pieno di ghiaccio. Infine, sprizzate il twist di limone e decorate con una ciliegia al maraschino.

NOTE E CONSIGLI

- *Per variare l'acidità del drink potete provare a tagliare il succo di limone con un altro agrume: 10 ml di limone e 10 ml di spremuta di arancia o di pompelmo o di mandarino.*
- *Per una variante meno dolce potete ribilanciare il drink con un London Dry Gin dalle note più secche.*

CASINO

IBA – The unforgettables

TENORE ALCOLICO
●●●○

SAPORE
Dolce, acido, ciliegie marasche, arancia e profumo di limone

Old Tom Gin e ciliegie marasche!

La prima menzione che conosciamo del drink è del 1855, nel resoconto della Panana Road-Rail *Panama in 1855*. Compare poi nel libro di Jerry Thomas *Bartender's Guide* nell'edizione del 1862 e da lì in diversi libri del 1900.
Queste ricette non sono uguali tra di loro, alcune riportano l'utilizzo del ghiaccio, altre no, alcune la presenza di Cognac, altre no. Oggi il ghiaccio è sparito mentre esistono scuole di pensiero che utilizzano anche Cognac o meno.
È presente nella lista IBA dalla codifica del 1985.

BICCHIERE	TECNICA	GHIACCIO
Flûte 150 ml	Build	/

RICETTA IBA

90 ml Champagne
10 ml Cognac
2 gocce Angostura Bitters
1 Zolletta di zucchero
(Opzionale)
Qualche goccia di Grand Marnier

Twist Arancia
Decorazione: ciliegina

RICETTA CONSIGLIATA

90 ml Jacquart Brut Mosaïque Champagne
10 ml Hine Fine Champagne VSOP Cognac
1 Zolletta di zucchero integrale satura di Angostura Bitters

Twist Limone

Prendete un tovagliolino, mettetevi sopra la zolletta e saturatela con l'Angostura Bitters. Nella flûte ghiacciata, versate lo Champagne, il Cognac e infine la zolletta di zucchero. Seguendo questo ordine, il vino non perderà le bolle.

NOTE E CONSIGLI

- *Come già segnalato, è anche molto diffusa la versione senza Cognac.*
- *IBA utilizza una coppetta cocktail, mentre io preferisco utilizzare una classica flûte.*
- *Provate a giocare con zollette di zucchero diverse per dei profili aromatici più interessanti: integrale, panela, moscovado, etc.*
- ***PRINCE OF WALES COCKTAIL**, non IBA, contiene anche 5-10 ml di Grand Marnier, più simile alla versione opzionale che riporta IBA.*

CHAMPAGNE COCKTAIL

IBA – Contemporary classics

TENORE ALCOLICO
●○○○

SAPORE
Dolce, Champagne, aromatico, profumo di limone e frizzante

Champagne!

Siamo al *The Bellevue-Stratford Hotel* di Philadelphia a cavallo tra il 1880 e i primi del 1900, dove il *Clover Club*, composto da giornalisti, imprenditori, avvocati e scrittori, che si è riunito fino alla Prima Guerra Mondiale, è solito cenare, bere e chiedere questa miscela.
Viene riportato per la prima volta nel libro del 1908 di W.Boothby *The World's Drinks And How To Mix Them*.
Dopo essere caduto in disuso, forse per l'utilizzo dell'albume o l'associazione femminile dei lamponi, è stato poi reso grande da Julie Reiner al suo *Brooklyn's Clover Club* di Philadelphia dal 2008.
Oggi è passato dall'essere un drink pre-proibizionista all'essere un grandissimo classico contemporaneo e fa parte della lista IBA dalla codifica del 2011.

BICCHIERE	TECNICA	GHIACCIO
Coppetta 180 ml	Shake	/

RICETTA IBA	RICETTA CONSIGLIATA
45 ml Gin 15 ml Sciroppo di lamponi 15 ml Succo di limone fresco 10 ml Albume pastorizzato	45 ml Tanqueray London Dry Gin 5 ml Dolin Dry Vermouth de Chambéry 25 ml Succo di limone fresco 15 ml Sciroppo di lamponi 10 ml Albume pastorizzato
Decorazione: lamponi freschi	Decorazione: lamponi freschi

Versate tutti gli ingredienti in un Boston. Dopo avere effettuato una Dry Shake o montato gli ingredienti con un aerolatte, shakerate con ghiaccio e filtrate in una coppetta ghiacciata. Infine, decorate con dei lamponi freschi.

NOTE E CONSIGLI

- *Per lo sciroppo di lamponi vedi pag. 30*
- *Preferisco la versione con l'aggiunta di Vermouth dry a dare un'interessante nota secca che troviamo sia in alcune versioni del passato, sia nella ricetta adattata che usa Reiners.*
- *In assenza dello sciroppo di lamponi, potete utilizzare la stessa quantità di sciroppo di zucchero e schiacciare con un muddler all'interno del drink 4-5 lamponi freschi.*
- *CLOVER LEAF, non IBA, prevede l'aggiunta di qualche foglia di menta.*

CLOVER CLUB

TENORE ALCOLICO
●●●○

SAPORE
Dolce, aromatico, secco, lamponi e morbido

IBA – The unforgettables

Un drink delizioso!

Ricetta presente nel libro *The Savoy Cocktail Book* di Harry Craddock del 1930.
Il "resuscita morti" è un perfetto bilanciamento di ingredienti, dove le note aromatiche del Gin si mischiano con quelle più amare della china, l'acidità del limone si sposa alla perfezione con l'Assenzio, il tutto con un sottofondo dolce e di arancia del Triple sec.
Nello stesso libro è presente anche il *Corpse Reviver #1*, ma diverso e meno interessante.
Il drink fa parte della lista IBA dall'ultima codifica del 2020.

	BICCHIERE	TECNICA	GHIACCIO
	Coppetta 180 ml	Shake	/

RICETTA IBA	RICETTA CONSIGLIATA
30 ml Gin	30 ml Sipsmith London Dry Gin
30 ml Cointreau	30 ml Cointreau
30 ml Lillet Blanc	30 ml Kina L'Aero D'Or
30 ml Succo di limone fresco	30 ml Succo di limone fresco
Qualche goccia di Assenzio	2 gocce Duplais Verte Absinthe
Twist Arancia	Twist Limone

Shakerate tutti gli ingredienti e filtrate in una coppetta ghiacciata. Infine, sprizzate il twist di limone.

NOTE E CONSIGLI

- *Il drink nasce con il vino aromatizzato alla china Kina Lillet, oggi non più in produzione e sostituito da molti con il vino aromatizzato Lillet Blanc, che però manca della complessità della china. Oggi, il prodotto più indicato e simile al Kina Lillet è il vino aromatizzato Kina l'Aero D'Or.*
- *Preferisco aggiungere anche un twist di limone per un'ulteriore sensazione di freschezza.*
- *CORPSE REVIVER N.BLU, non IBA, è una variante dove il Triple sec è sostituito dal Blu di Curaçao, creata da Jacob Briars, nella simpatica mania di creare drink blu.*

CORPSE REVIVER #2

IBA – Contemporary classics

TENORE ALCOLICO

●●●○

SAPORE

Dolce, acido, aromatico, erbaceo, chinato e profumo di limone

Un classico da riscoprire!

Troviamo una prima menzione del Cosmopolitan nel libro del 1934 *Pioneer's of Mixing at Elite Bar*, dove il drink è composto da: *Gin-Cointreau-succo di limone-sciroppo di lamponi*. Nel 1956, la cooperativa The Ocean Spray specializzata nella coltivazione del mirtillo rosso promuove invece un drink chiamato *Harpoon*: Vodka- succo di cranberry-succo di lime. Diversi bartender americani se ne contenderanno poi la paternità: Cheryl Cook, Neal Murray e Toby Cecchini, mentre Dale De Groff, considerato un'autorità della bar-industry, lo ha reso molto popolare nel suo bar *Rainbow Room* a New York negli anni '90. Da lì, il drink diventa un'icona negli Stati Uniti e in tutto il mondo, complice anche una foto della cantante Madonna mentre lo sorseggia, proprio al Rainbow Room, e la sua presenza nella serie TV *Sex and The City*. È presente nella lista IBA dalla codifica del 2004.

BICCHIERE	TECNICA	GHIACCIO
Coppetta 180 ml	Shake	/

RICETTA IBA	RICETTA CONSIGLIATA
40 ml Vodka al limone	45 ml Stolichnaya Citros Vodka
15 ml Cointreau	15 ml Cointreau
15 ml Succo di lime fresco	15 ml Succo di lime fresco
30 ml Succo di Cranberry	30 ml Succo di Cranberry Naty's
Twist Limone	Twist Arancia

Shakerate tutti gli ingredienti e filtrate in una coppetta ghiacciata. Infine, sprizzate i twist degli agrumi.

NOTE E CONSIGLI

- *Non utilizzate il succo di mirtillo nero, ma quello rosso americano.*
- *Nella sua versione, Dale De Groff utilizza un famoso twist infiammato di scorza di arancia. Sicuramente l'operazione è molto scenica, ma può portare delle sensazioni sgradevoli al drink.*
- *In assenza della Vodka al limone, potete utilizzare una Vodka bianca e pestare col muddler un pezzetto di scorza di limone nello shaker prima di versare gli ingredienti e shakerare.*

COSMOPOLITAN

IBA – Contemporary classics

TENORE ALCOLICO
●●●○

SAPORE
Dolce, acido, lime, limone, arancia, cranberry e profumo di arancia

Un'icona rosa!

Classico cubano nato nei primi del 1900, probabilmente quando Coca-Cola iniziò a importare i suoi prodotti a Cuba e con l'avvento della "liberazione" spagnola dell'isola. Fa parte della lista IBA dalla codifica del 2004.

	BICCHIERE	TECNICA	GHIACCIO
	Tumbler alto 370 ml	Build	Blocco o Cubetti

RICETTA IBA	RICETTA CONSIGLIATA
50 ml Rum chiaro	45 ml Havana Club 3 Años Ron
10 ml Succo di lime fresco	10 ml Succo di lime fresco
120 ml Coca-Cola	A colmare Coca-Cola
Decorazione: spicchio di lime	Decorazione: spicchio di lime

Versate gli ingredienti direttamente nel bicchiere freddo pieno di ghiaccio e miscelate delicatamente. Infine, decorate con uno spicchio di lime.

NOTE E CONSIGLI

- *Utilizzare possibilmente un Rum chiaro cubano. In alternativa potete sostituirlo con un altro Rum chiaro di matrice spagnola.*
- *È spesso confuso col* **Rum e Cola**, *non IBA, col quale si intende in modo generico Rum scuro e cola.*

CUBA LIBRE

TENORE ALCOLICO
●●○○

SAPORE
Dolce, acido, lime, cola, fresco e frizzante

IBA – Contemporary classics

Cuba è libera!

Bilanciamento perfetto tra Rum-lime-zucchero e tra i più importanti cocktail in assoluto. Questa combinazione è considerata come la Santa Trinità dei cocktail caraibici, come nella *Canchanchara* (pag. 80), nel *Planter's Punch* (pag. 178) o nel *Ti Punch* (pag. 296).
Il nome deriva dalla baia cubana vicino in Santiago De Cuba che ospitava una miniera di ferro, dove il Daiquiri prese forma in modo primordiale dalle mani degli ingegneri americani Pagliuchi e Cox a cavallo tra il 1800 e il 1900.
Il drink divenne presto famosissimo soprattutto per l'abilità del barman Constantino Ribalaigua Vert presso lo storico *El Florida* (o amichevolmente *Floridita*) a cui il nome è spesso associato. Non ultimo, questo drink ha ispirato la nascita della miscelazione Tiki. La prima menzione è nel libro *Drinks* di Jacques Straub del 1914, mentre fa parte della lista IBA dalla prima codifica del 1961.

BICCHIERE	TECNICA	GHIACCIO
Coppetta 180 ml	Shake	/

RICETTA IBA	RICETTA CONSIGLIATA
60 ml Rum chiaro cubano	60 ml Havana Club 3 Años Ron
20 ml Succo di lime fresco	30 ml Succo di lime fresco
2 bar spoon Zucchero bianco	15 ml Sciroppo zucchero

Shakerate tutti gli ingredienti e filtrate in una coppetta ghiacciata.

NOTE E CONSIGLI

- *Utilizzate Rum chiari cubani, in alternativa altri Rum chiari in stile spagnolo.*
- *Se utilizzate zucchero in grani e non lo sciroppo, dovete prima scioglierlo nel succo di lime.*
- *Oggi siamo abituati a pensare e bere Daiquiri shakerati e filtrati in coppetta, ma a Cuba ve li serviranno in maniera diversa: frullati e sotto forma di frappè, proprio come nella Cuba degli anni '20-'30.*
- ***HEMINGWAY SPECIAL** (pag. 118), è la variante IBA dello scrittore.*
- ***BACARDI COCKTAIL** è la variante ex IBA, con granatina (pag. 29) al posto dello sciroppo di zucchero.*
- ***BANANA DAIQUIRI** (pag. 240), non IBA, è frullato e alla banana.*

DAIQUIRI

TENORE ALCOLICO
●●●○

SAPORE
Dolce, acido, lime e
molto fresco

IBA – The unforgettables

La Santa Trinità!

Cocktail nazionale delle Bermuda.
Il nome del drink è un marchio registrato appartenente alla *Gosling Brother Ltd*, azienda produttrice di Rum, che lo inventò poco dopo la Prima Guerra Mondiale e che è molto gelosa della proprietà della ricetta. Per questo motivo in alcuni menù è possibile trovare un *Safe Harbor*, che è fondamentalmente lo stesso drink ma che utilizza Rum diverso, ma anche una Ginger beer diversa da quella marchiata dall'azienda. La stessa IBA, scrive il drink con due apostrofi 'N' e non uno 'N, come invece fa Gosling.
Fa parte della lista IBA dalla codifica del 2011.

BICCHIERE	TECNICA	GHIACCIO
Tumbler alto 370 ml	Build	Blocco o Cubetti

RICETTA IBA	RICETTA CONSIGLIATA
60 ml Gosling's Black Seal Rum	50 ml Gosling's Black Seal Rum
100 ml Ginger beer	A colmare Gosling's Ginger beer
Decorazione: spicchio di lime	Decorazione: spicchio di lime

Versate prima la Ginger beer nel bicchiere freddo pieno di ghiaccio, poi, in cima, cercando di creare uno strato, il Rum. In questo modo otterrete l'effetto "buio e tempestoso". Infine, decorate con uno spicchio di lime.

NOTE E CONSIGLI

- *In alternativa al Rum di Gosling, potere sostituirlo con un Rum scuro in stile giamaicano.*
- *Non utilizzate Ginger ale al posto della Ginger beer, sono due prodotti diversi.*
- *Potete aggiungere 5-10 ml di succo di lime fresco per una punta di acidità in più.*

DARK 'N' STORMY

IBA – New era drinks

TENORE ALCOLICO

●●○○

SAPORE
Dolce, zenzero, fresco e frizzante

Il drink delle Bermuda!

Non sappiamo con esattezza l'origine di questo drink. Alcuni pensano che l'antenato del Martini moderno sia il *Martinez* (pag. 142), ma come è avvenuto il passaggio da un drink dolce e aromatico a quello secco che conosciamo? Alla fine del 1800 il sapore dei cocktail era in evoluzione, l'idea di drink dolci legata a persone semplici, il blocco delle esportazioni dall'Italia di Vermouth dolci e quelli secchi francesi che si fanno sempre più strada, gli Old Tom Gin che stavano decadendo in favore di London Dry Gin più secchi. Tutti questi fattori contribuiscono al cambiamento delle ricette fino all'apice degli anni '50, quando il Martini, o meglio, il Dry Martini, passa dall'essere una ricetta a una modalità. Bere Martini significava bere un concetto: qualcosa di ghiacciato, secco e con poco Vermouth, qualcosa alla moda, sofisticato e ispirato a personaggi famosi come Hemingway o Churchill o fantastici come lo 007 James Bond.
È presente nella lista IBA dalla prima codifica del 1961.

BICCHIERE	**TECNICA**	**GHIACCIO**
Coppetta 110 ml	Stir	/

RICETTA IBA

60 ml Gin
10 ml Vermouth Dry

Twist Limone
Decorazione: oliva verde (opzionale)

RICETTA CONSIGLIATA

60 ml Tanqueray N° Ten Gin
10 ml Noilly Prat Original Dry Vermouth

Twist Limone (opzionale)
Decorazione: oliva verde

Versate tutti gli ingredienti in un mixing glass freddo, stirrate con ghiaccio a cubetti e filtrate in una coppetta ghiacciata. Infine, sprizzate un leggero twist di limone (se richiesto) e servite con un'ottima oliva verde.

NOTE E CONSIGLI

- *Ogni amante di questo drink ha i suoi gusti: realizzato con tecnica Stir oppure shake (il drink sarà ancora più ghiacciato ma perderete parte del sapore secco), più o meno secco, con una goccia di Bitter aromatico, oppure composto solamente da Gin versato dal freezer.*
- ***GIBSON**, non IBA, dove in finale andrete e mettere 1-2 cipolline sotto aceto.*
- ***VODKA MARTINI**, non IBA, a base Vodka.*
- ***DIRTY MARTINI**, ex IBA, a base Vodka e sporcato da qualche goccia di salamoia delle olive.*

DRY MARTINI

IBA – *The unforgettables*

TENORE ALCOLICO
●●●●

SAPORE
Secco, aromatico
e molto freddo

Un'icona secca e ghiacciata!

Un'altra meravigliosa creazione di Dick Bradsell, nel 1983, mentre lavorava alla *Soho Brasserie* a Londra. Oggi è tra i drink più richiesti al mondo. Inizialmente chiamato *Vodka Espresso*, diventa poi Espresso Martini.
Fa parte della lista IBA dalla codifica del 2011.

BICCHIERE	TECNICA	GHIACCIO
Coppetta 180 ml	Shake	/

RICETTA IBA	RICETTA CONSIGLIATA
50 ml Vodka	45 ml Grey Goose Vodka
30 ml Kahlúa	15 ml Kahlúa
10 ml Sciroppo di zucchero	15 ml Sciroppo di zucchero
1 espresso	1 espresso

Shakerate tutti gli ingredienti e filtrate in una coppetta ghiacciata.

NOTE E CONSIGLI

- *Un twist di limone può dare una interessante freschezza di contrasto.*
- *Dick Bradsell decorava il cocktail con 3 chicchi di caffè in superficie al centro del drink.*

ESPRESSO MARTINI

IBA – New era drinks

TENORE ALCOLICO

●●●○

SAPORE
Dolce, caffè, fresco e potente

Sveglia!

Il drink più consumato in Argentina.
Chiamato anche Fernet e Cola, ha probabilmente origine negli anni '70, dalle mani del barman *El Negro Bacerra*, proprietario del *Bar Premier* a Ciudad de Cruz del Eje, a nord di Cordoba. Il motivo del suo successo è la semplicità e una strizzata d'occhio all'Italia. Fernandito fa parte della lista IBA dalla codifica del 2020, nuova entrata.

BICCHIERE	TECNICA	GHIACCIO
Tumbler alto 370 ml	Build	Blocco o Cubetti

RICETTA IBA	RICETTA CONSIGLIATA
50 ml Fernet Branca	45 ml Fernet Branca
Cola a colmare	Coca-Cola a colmare

Versate gli ingredienti direttamente nel bicchiere pieno di ghiaccio e miscelate delicatamente.

NOTE E CONSIGLI

- *Un twist di limone può aggiungere un'interessante tocco di freschezza.*

FERNANDITO

IBA – *New era drinks*

TENORE ALCOLICO
●●○○

SAPORE
Dolce, amaro, aromatico, cola, fresco e frizzante

Made in Argentina

Le prime menzioni di questo drink, per gli ingredienti che oggi conosciamo, sono nei libri *Here's How!* del 1927 di Judge Jr. e in *The Savoy Cocktail Book* di Harry Craddock del 1930. Il nome è un riferimento alla rivoluzionaria pistola 75 mm *Howitzer* adottata dall'esercito francese durante la Prima Guerra Mondiale.
Fa parte della lista IBA dalla codifica del 2011.

BICCHIERE	TECNICA	GHIACCIO
Flûte 150 ml	Shake	/

RICETTA IBA	RICETTA CONSIGLIATA
30 ml Gin	30 ml Beefeater London Dry Gin
15 ml Succo di limone fresco	20 ml Succo di limone fresco
15 ml Sciroppo di zucchero	10 ml Sciroppo di zucchero
60 ml Champagne	A completare Billecart-Salmon Champagne

Shakerate tutti gli ingredienti tranne il vino e filtrate in una flûte ghiacciata. Aggiungete lo Champagne ben freddo e mescolate.

NOTE E CONSIGLI

- *Fino agli anni '90 il cocktail era preparato con tecnica Build in un tumbler alto col ghiaccio, mentre solo dopo si diffonde lo standard di shakerarlo e filtrarlo in una flûte. La prima fonte autorevole che sancisce questo cambio è nel libro di Charles Schumann del 1995 "American Bar".*
- *Negli Stati Uniti, soprattutto a New Orleans, il drink è servito il più delle volte a base Cognac. Questo aspetto rappresenta quasi una diatriba sull'origine del drink che qualcuno pensa essere nato durante il proibizionismo americano e non in Europa.*
- FRENCH 95 *è una variante non IBA a base Bourbon.*

FRENCH 75

IBA – Contemporary classics

TENORE ALCOLICO
●●●○

SAPORE
Dolce, aromatico, limone, Champagne e frizzante

Il cannone dei francesi!

La leggenda vuole che questo cocktail sia ispirato all'associazione criminale *French Connection*, quando negli anni '50 negli Stati Uniti gestiva un traffico di droga che preveniva dalla Francia (come il Cognac) e distribuito dagli italiani (come il liquore amaretto). Qualcuno immagina che insieme ai drink *God Mother* e *God Father* formino una sorta di trilogia criminale. Un'altra teoria vuole invece che il drink sia nato in occasione di un incontro dopo la nascita di IBA, tra una delegazione di barman italiani in capo a Luigi Parenti ed una delegazione francese.
Fa parte della lista IBA dalla codifica del 1985.

	BICCHIERE	TECNICA	GHIACCIO
	Tumbler basso 270 ml	Stir	Blocco o Cubetti

RICETTA IBA	RICETTA CONSIGLIATA
35 ml Cognac 35 ml Amaretto	45 ml Camus VS Cognac 35 ml Disaronno Amaretto

Versate tutti gli ingredienti in un mixing glass ben freddo, stirrate con ghiaccio a cubetti e filtrate in un tumbler freddo pieno di ghiaccio.

NOTE E CONSIGLI

- *IBA indica di prepararlo con tecnica Build, ma come ho indicato anche nella tecnica di preparazione, trovo più corretto aggiungere la giusta diluizione che porta la tecnica Stir.*
- *GOD MOTHER, ex IBA, è composto da Vodka e liquore amaretto.*
- *GOD FATHER, ex IBA, è composto da Scotch Whiskey e liquore amaretto.*

FRENCH CONNECTION

IBA – Contemporary classics

TENORE ALCOLICO
●●●●

SAPORE
Dolce, amaretto
e potente

Un cocktail criminale!

Il cocktail nasce a New York, negli anni '80, in uno dei locali di Keith McNally, ristoratore e imprenditore che nella scena di quegli anni ha aperto diversi ristoranti e bar. Il French Martini è presente nella drink list del *Balthazar* a Soho nel 1996.
La parola *Martini* è riferita alla bizzarra moda di quegli anni di chiamare così tutto ciò che andava in una coppetta, mentre *French* per via del liquore di mirtilli neri francesi che veniva utilizzato, lo Chambord.
È presente nella lista IBA dalla codifica del 2011.

BICCHIERE	TECNICA	GHIACCIO
Coppetta 180 ml	Shake	/

RICETTA IBA	RICETTA CONSIGLIATA
45 ml Vodka 15 ml Liquore ai lamponi 15 ml Succo di ananas fresco	50 ml Skyy Vodka 15 ml Framboise Des Pères Chartreux Liquore ai lamponi 25 ml Estratto di ananas fresco
Twist Limone	Twist Limone

Shakerate tutti gli ingredienti e filtrate in una coppetta ghiacciata. Infine, sprizzate il twist di limone.

NOTE E CONSIGLI

- *Potete fare delle variazioni utilizzando diversi liquori ai frutti di bosco tra cui more e Crème de cassis. Utilizzando quest'ultimo, sentirete anche una piacevole nota acida.*

FRENCH MARTINI

IBA – New era drinks

TENORE ALCOLICO

●●●○

SAPORE
Dolce, frutti di bosco, ananas e profumo di limone

Un "Martini" ai lamponi!

Classico pre-proibizionista americano che affonda le radici nel 1800. Appare per la prima volta nel libro di Jerry Thomas *Bartender's Guide* nell'edizione del 1876 col nome di *Gin Fiz* e successivamente in *New and Improved Bartender's Manual* di Harry Johnson del 1882, dove troviamo diversi fizz.
È un drink davvero rinfrescante del quale esistono molte varianti più o meno famose. Fa parte della lista IBA dalla codifica del 1985.

BICCHIERE	TECNICA	GHIACCIO
Tumbler alto 270 ml	Shake	/

RICETTA IBA

45 ml Gin
30 ml Succo di limone fresco
10 ml Sciroppo di zucchero
Splash Soda

Twist Limone

RICETTA CONSIGLIATA

45 ml Elephant London Dry Gin
30 ml Succo di limone fresco
20 ml Sciroppo di zucchero
A completare Schweppes Soda

Twist Limone

Shakerate tutti gli ingredienti tranne la soda e filtrate nel bicchiere ben freddo senza ghiaccio. Ora, aggiungete la soda ben fredda. Infine sprizzate il twist di limone.

NOTE E CONSIGLI

- *RAMOS GIN FIZZ (pag. 182), IBA, con panna e albume pastorizzato.*
- *GOLDEN FIZZ variante non IBA, con l'aggiunta di 10 ml di tuorlo pastorizzato.*
- *SILVER FIZZ variante non IBA, con 10 ml di albume pastorizzato.*
- *MORNING GLORY FIZZ, variante non IBA, con base di Blended Scotch Whisky.*
- *DIAMOND FIZZ, variante non IBA, con Champagne al posto della soda.*
- *SLOE GIN FIZZ, variante non IBA, con base di Sloe Gin; nel caso consiglio Elephant Sloe Gin.*
- *GREEN FIZZ, variante non IBA, con 10 ml di crema di menta.*

GIN FIZZ

IBA – The unforgettables

TENORE ALCOLICO
●●○○

SAPORE
Dolce, acido, aromatico, limone, profumo di limone, fresco e frizzante

Il primo long drink della storia!

Drink dedicato all'attrice Joan Crawford e inventato dal bartender Raiumundo Alvarez all'*Old King Bar* di Miami negli anni '60, quando diventò molto popolare negli Stati Uniti. Il Golden Dream fa parte della lista IBA dalla codifica del 1993.

	BICCHIERE	TECNICA	GHIACCIO
	Coppetta 110 ml	Shake	/

RICETTA IBA

20 ml Galliano
20 ml Triple sec
20 ml Spremuta di arancia
10 ml Panna fresca

RICETTA CONSIGLIATA

20 ml Galliano L'Autentico
20 ml Aurum
20 ml Spremuta di arancia
10 ml Panna fresca

Decorazione: leggera spolverata di cacao

Shakerate tutti gli ingredienti e filtrate in una coppetta ghiacciata, infine decorate.

NOTE E CONSIGLI

- *GOLDEN CADILLAC è una drink simile, ex IBA, composto da: 30 ml Galliano-20 ml crema di cacao-10 ml panna fresca, shakerato e filtrato in una coppetta piccola.*

GOLDEN DREAM

IBA – *Contemporary classics*

TENORE ALCOLICO
●●○○

SAPORE
Dolce, erbaceo, arancia, cacao e cremoso

Sogni d'oro!

Il classico drink dessert alla menta e cacao.
Nasce probabilmente al *Tujague's*, un bar nel quartiere francese di New Orleans, nel 1918, dalle mani dell'allora proprietario Philip Guichet. Il drink diviene poi molto popolare negli Stati Uniti tra il '50-'60.
Grasshopper significa cavalletta, come il colore verde del drink.
Fa parte della lista IBA dalla prima codifica del 1961.

BICCHIERE	TECNICA	GHIACCIO
Coppetta 110 ml	Shake	/

RICETTA IBA

20 ml Crema di cacao bianca
20 ml Crema di menta verde
20 ml Panna fresca

Decorazione: foglia di menta

RICETTA CONSIGLIATA

30 ml Tempus Fugit Crème de Cacao
30 ml Tempus Fugit Crème de Menthe
10 ml Panna fresca
1 goccia Colorante alimentare verde

Shakerate tutti gli ingredienti e filtrate in una coppetta ghiacciata.

NOTE E CONSIGLI

- *È un drink dessert, da servire in una piccola coppetta come fosse un dolce.*
- *Se vi piace, potete grattugiare qualche scaglia di cioccolato in cima al drink, o creare una bordatura con del cioccolato fuso.*
- *Io utilizzo una crema di menta bianca che trovo superlativa, mentre per ottenere il colore verde utilizzo una goccia di colorante alimentare.*

GRASSHOPPER

TENORE ALCOLICO
●●○○

SAPORE
Dolce, cacao,
menta e cremoso

IBA – Contemporary classics

Una cavalletta alla menta!

Ada Coleman, o più semplicemente *Coley*, dal 1906 al 1926, è stata la capo barman dell'*American Bar* del Savoy Hotel, a Londra, prima di Harry Craddock. A lei dobbiamo questo drink che creò per l'attore Charles Hawtrey col quale lei stessa rivelò di aver passato ore ed ore a provare drink e che una volta provatolo esclamò: *"By Jove, this is a real Hanky Panky!"*
Hanky Panky è uno slang che significa *piacevole come una pomiciata.*
Fa parte della lista IBA dalla codifica del 2011.

	BICCHIERE	TECNICA	GHIACCIO
	Coppetta 180 ml	Stir	/

RICETTA IBA	RICETTA CONSIGLIATA
45 ml Gin	40 ml Sipsmith London Dry Gin
45 ml Vermouth dolce rosso	40 ml Mulassano Rosso Vermouth di Torino
7,5 ml Fernet Branca	20 ml Gagliardo Fernet Radicale
Twist Arancia	Twist Arancia

Versate tutti gli ingredienti in un mixing glass ben freddo, stirrate con ghiaccio a cubetti e filtrate in una coppetta ghiacciata. Infine, sprizzate il twist di arancia.

NOTE E CONSIGLI

- *Potete anche provare a shakeralo. Il risultato che otterrete sarà un drink più freddo e dai sapori più attutiti.*

HANKY PANKY

IBA – The unforgettables

TENORE ALCOLICO
●●●●

SAPORE
Dolce, amaro, aromatico, abboccato e profumo di arancia

Il drink di Coley!

Ernest Hemingway passò parte della sua vita sull'isola di Cuba, assiduo frequentatore dello storico bar *La Florida*, dove veniva affettuosamente chiamato *Papa*.
La prima ricetta dell'Hemingway Special che troviamo è proprio nel menù del bar, nell'anno 1937, dove il cocktail è shakerato ed è conosciuto anche come *Daiquiri n.3*.
Successivamente è presente nel libro *Bar La Florida Cocktail Book* del 1939. Il drink è conosciuto anche come *Papa Doble*.
Constantino Ribalagua Vert proponeva 5 versioni del Daiquiri e il numero 4 era il *Daiquiri Hielo frappè*, simile all'Hemingway Special e preparato nei primi leggendari milkshake mixer.
Fa parte della lista IBA dalla codifica del 2011.

BICCHIERE	**TECNICA**	**GHIACCIO**
Coppetta 180 ml	Shake	/

RICETTA IBA

60 ml Rum
40 ml Spremuta di pompelmo
15 ml Maraschino
15 ml Succo di lime fresco

RICETTA CONSIGLIATA

60 ml Santiago De Cuba Carta Blanca Ron
30 ml Spremuta di pompelmo
5 ml Luxardo Maraschino
15 ml Succo di lime fresco

Shakerate tutti gli ingredienti e filtrate in una coppetta ghiacciata.

NOTE E CONSIGLI

- *Dato che non è presente sciroppo di zucchero, il drink deve risultare un bilanciamento perfetto e sarà più adatto a chi cerca un sapore più secco.*
- *Il **DAIQUIRI n.4** citato sopra, è una versione frappè del Daiquiri simile all'Hemingway Special: 60 ml Rom chiaro cubano – 10 ml liquore maraschino – 15 ml succo di lime fresco – 20 ml sciroppo di zucchero – 3/4 cup ghiaccio tritato, frullato e servito in una coppa da 220 ml.*

HEMINGWAY SPECIAL

IBA – Contemporary classics

TENORE ALCOLICO
●●●○

SAPORE
Dolce, acido, erbaceo, ciliegie marasche, pompelmo e fresco

Il Daiquiri di Hemingway!

Il drink deriva da un omonimo drink analcolico del 1800 che si dice fosse bevuto da coloro che frequentavano le corse dei cavalli.
Negli anni '50, negli Stati Uniti, si diffonde questa versione alcolica, dove il suo nome, *criniera di cavallo*, è riferito alla scorza di limone a forma di spirale che fa da decorazione.
È presente nella lista IBA dalla codifica del 1985.

BICCHIERE	TECNICA	GHIACCIO
Tumbler alto 370 ml	Build	Blocco o Cubetti

RICETTA IBA	RICETTA CONSIGLIATA
40 ml Cognac 120 ml Ginger ale Qualche goccia di Angostura Bitters (opzionale)	45 ml Hine Fine Champagne VSOP Cognac A colmare Schweppes Ginger ale 2 dashes Angostura Bitters
Decorazione: scorza di limone	Decorazione: scorza di limone

Versate gli ingredienti direttamente nel bicchiere freddo pieno di ghiaccio e miscelate delicatamente. Decorate con la scorza di limone a forma di spirale.

NOTE E CONSIGLI

- *È conosciuto anche a base Bourbon.*

HORSE'S NECK

IBA – Contemporary classics

TENORE ALCOLICO

●●○○

SAPORE
Dolce, aromatico, zenzero, profumo di limone, fresco e frizzante

La criniera del cavallo

Drink di Samuele Ambrosi, oggi vicepresidente AIBES (Associazione Italiana Barmen e Sostenitori) e che ha contribuito in prima persona alla stesura dell'ultima codifica della lista IBA.
Samuele mi ha raccontato che il cocktail nasce negli anni 2000, mentre lavorava a Castelbrando (TV), come un "*Tequila sour con falernum sporcato da Rum giamaicano*", per poi evolvere.
Illegal è uno degli ultimi entrati nell'ultima codifica IBA del 2020 e rappresenta sia la tendenza di un utilizzo sempre più diffuso del Mezcal in miscelazione sia la possibilità di utilizzare distillati di diversa origine in modo efficace.

BICCHIERE	**TECNICA**	**GHIACCIO**
Coppetta 180 ml	Shake	/

RICETTA IBA	**RICETTA CONSIGLIATA**
30 ml Mezcal qualità Espadin	30 ml Los Siete Misterios Espadin Mezcal
15 ml Rum chiaro Giamaicano Overproof	15 ml Wray & Nephew White Overproof Rum
15 ml Falernum	15 ml Falernum
1 bar spoon Luxardo Maraschino	1 bar spoon Luxardo Maraschino
22,5 ml Succo di lime fresco	20 ml Succo di lime fresco
15 ml Sciroppo di zucchero	15 ml Sciroppo di zucchero
5 ml Albume pastorizzato (opzionale)	5 ml Albume pastorizzato

Versate tutti gli ingredienti in un Boston. Dopo avere effettuato una Dry Shake o montato gli ingredienti con un aerolatte, shakerate con ghiaccio e filtrate tutto in una coppetta ghiacciata.

NOTE E CONSIGLI

- *Per la preparazione del Falernum vedi pag. 28*

ILLEGAL

IBA – New era drinks

TENORE ALCOLICO
●●●○

SAPORE
Dolce, acido, lime, affumicato, speziato e morbido

Finalmente Mezcal!

Questo drink è attribuito allo chef Joe Sheridan che lo creò nel 1943 presso la base aerea di Foynes vicino a Limerik, in Irlanda, oggi un museo.
Il nome deriva dal fatto che quando gli fu chiesto se la bevanda contenesse caffè brasiliano, lui rispose invece che conteneva *"Irish coffee"*.
Dopo la Seconda Guerra Mondiale, fu introdotto negli Stati Uniti per merito del reporter Stanton Delaplane del *San Francisco Chronicle* e del *Bar Buena Vista* a San Francisco, dove fu servito per la prima volta nel 1952.
Il drink ebbe un successo e una diffusione incredibile. Il 25 gennaio è la giornata mondiale dell'Irish Coffee.
Fa parte della lista IBA dalla codifica del 1985.

BICCHIERE	TECNICA	GHIACCIO
Irish Coffee glass 250 ml	Build	/

RICETTA IBA	RICETTA CONSIGLIATA
50 ml Irish Whiskey	50 ml Jameson Irish Whiskey
120 ml Caffè	120 ml Caffè filtro
50 ml Panna fresca	50 ml Panna fresca
1 bar spoon Zucchero	1 bar spoon Zucchero integrale

Versate e mescolate accuratamente gli ingredienti, tranne la panna, nel bicchiere preriscaldato con acqua bollente. Emulsionate la panna con un aerolatte o shakerandola a secco e versatela delicatamente in cima al drink in modo che rimanga separata dagli altri ingredienti.

NOTE E CONSIGLI

- *Per il caffè utilizzate caffè filtro bollente, non espresso. Per la preparazione del caffè filtro V-60 potete cercare un articolo nel blog interno a www.drinkfactory.net.*
- *Non utilizzate panna montata.*
- *Potete provare a utilizzare dello zucchero integrale diverso da quello bianco come ad esempio Demerara, muscovado, o direttamente uno sciroppo di zucchero.*

IRISH COFFEE

TENORE ALCOLICO
●●○○

SAPORE
Dolce, caffè, cereali, caldo e cremoso

IBA – Contemporary classics

Il Caffè d'Irlanda

"Salve, sono John Collins, capo cameriere al Limmer's Bar, all'angolo di Conduit street, Hanover Square. La mia occupazione principale è riempire i bicchieri dei giovani gentiluomini che ci frequentano. Il Sig. Frank beve sempre il mio Gin Punch mentre fuma".
Con questa frase inizia a metà del 1800 la leggenda dei *Collins*, composti da una base alcolica, limone, zucchero e soda, serviti in bicchieri alti con ghiaccio.
Il drink nasce probabilmente con Gin olandese (Genever) e solo in un secondo momento il Gin diventerà London Dry.
Il drink è presente nella lista IBA dalla codifica del 1993.

BICCHIERE	TECNICA	GHIACCIO
Tumbler alto 370 ml	Build	Blocco o Cubetti

RICETTA IBA

45 ml Gin
30 ml Succo di limone fresco
15 ml Sciroppo di zucchero
60 ml Soda

Decorazione: fetta di limone e ciliegina

RICETTA CONSIGLIATA

45 ml Gordon's London Dry Gin
30 ml Succo di limone fresco
15 ml Sciroppo di zucchero
A colmare Schweppes Soda

Decorazione: fetta di limone

Versate gli ingredienti direttamente nel bicchiere pieno di ghiaccio e miscelate delicatamente. Infine, decorate con una fetta di limone.

NOTE E CONSIGLI

- *TOM COLLINS, non IBA, e col quale viene fatta spesso confusione, è a base di Old Tom Gin.*
- *Negli Stati Uniti, davanti alla richiesta di un John Collins, spesso vi sarà servito a base Whiskey.*

JOHN COLLINS

TENORE ALCOLICO
●●○○

SAPORE
Dolce, acido, aromatico, limone, fresco e frizzante

IBA – The unforgettables

Salve, sono John Collins!

Nasce per merito di Canon Félix Kir, prete cattolico e membro decorato della resistenza francese durante la Seconda Guerra Mondiale. Nel 1940, davanti all'avanzata dei soldati nazisti a Dijon, aiutò oltre 4000 prigionieri di guerra a fuggire da un campo vicino. La leggenda vuole che quando i nazisti sequestrarono i vini rossi della Borgogna, Kir pensò di miscelare il liquore al ribes nero caratteristico di Dijon, Crème de cassis, con vino bianco secco Aligoté, a ricordare i classici vini rossi, diventando così la bevanda ufficiale del municipio della città.
Fa parte della lista IBA dalla codifica del 1985.

BICCHIERE	TECNICA	GHIACCIO
Flûte 150 ml	Build	/

RICETTA IBA	RICETTA CONSIGLIATA
90 ml Vino bianco secco	100 ml Vallona Bologna Bianco
10 ml Crème de cassis	15 ml Philippe De Bourgogne Crème de Cassis de Dijon

Versate la Crème de cassis nella flûte ghiacciata e colmate con il vino bianco ben freddo. Mescolate delicatamente in modo da uniformare il colore.

NOTE E CONSIGLI

- *Tra vini bianchi secchi troviamo, ad esempio: Pinot bianco, Pinot Grigio, Tocai, Ribolla, Greco.*
- *KIR ROYAL, è la versione menzionata anche da IBA, con Champagne al posto del vino bianco secco.*

KIR

IBA – Contemporary classics

TENORE ALCOLICO
●●○○

SAPORE
Dolce, acido, ribes
e vino bianco

Il drink di Dijon!

Il drink compare per la prima volta nel libro di Ted Sauciers *Bottom up* del 1951, ma sappiamo con certezza che è stato servito per la prima volta al bar del *Detroit Athletic Club* prima del proibizionismo americano e introdotto dall'attore di cabaret Frank Fogarty.
Il drink è poi tornato in voga nel 2004, a Seattle, quando il barista Murray Stenson inizia a proporlo allo *Zig Zag Cafè* e da lì torna ad essere un nuovo successo sia negli Stati Uniti che in Europa, complice anche la *Gin craze*.
Il Last Word è presente nella lista IBA dall'ultima codifica del 2020.

BICCHIERE	TECNICA	GHIACCIO
Coppetta 180 ml	Shake	/

RICETTA IBA	RICETTA CONSIGLIATA
22,5 ml Gin	30 ml Tanqueray London Dry Gin
22,5 ml Chartreuse verde	30 ml Chartreuse verde
22,5 ml Liquore Maraschino	5 ml Luxardo Maraschino
22,5 ml Succo di lime fresco	30 ml Succo di lime fresco
	Decorazione: ciliegina

Shakerate tutti gli ingredienti e filtrate in una coppetta ghiacciata. Infine, decorate con una ciliegina.

NOTE E CONSIGLI

- *Preferisco bilanciare la ricetta con una quantità di maraschino molto più bassa rispetto alle indicazioni di IBA. Trovo che sia un liquore che vada utilizzato a gocce o comunque in piccole quantità, altrimenti rischia di essere troppo presente nel drink fino a renderlo non piacevole.*
- *Se cercate un'ulteriore sensazione di freschezza potete aggiungere un twist di limone.*

LAST WORD

TENORE ALCOLICO
●●●○

SAPORE
Dolce, acido, lime, erbaceo, ciliegie marasche, fresco e deciso

IBA – The unforgettables

L'ultima parola

Il drink è stato inventato negli anni '70 da Norman Jay Obday, a San Francisco, al suo bar *Henry Africa's*, fino a prendere piede negli anni '80-'90 quando è stata introdotta in modo forte sul mercato la Vodka al limone.
Le *Lemon Drop* (gocce di limone), sono caramelle inglesi alle quali si ispira il sapore del drink.
È presente nella lista IBA dalla codifica del 2011.

	BICCHIERE	TECNICA	GHIACCIO
	Coppetta 110 ml	Shake	/

RICETTA IBA	RICETTA CONSIGLIATA
30 ml Vodka al limone 20 ml Triple sec 15 ml Succo di limone fresco	30 ml Stolichnaya Citros Vodka 20 ml Gagliardo Triple sec Radicale 20 ml Succo di limone fresco
Crusta di zucchero	Crusta di zucchero

Bagnate il bordo di una coppetta ghiacciata con una fetta di limone e immergetela nello zucchero creando la crusta.
Shakerate tutti gli ingredienti e filtrate nella coppetta ghiacciata.

NOTE E CONSIGLI

- *Utilizzate una coppa piccola da 110 ml circa, altrimenti la coppetta standard da 180 ml sarà troppo grande.*
- *Utilizzate Vodka al limone a 40% vol., non finte Vodka al limone che in realtà sono liquori dalle gradazioni più basse.*
- *Utilizzate un ottimo Triple sec a 40% vol., non liquori aromatizzati all'arancia.*

LEMON DROP MARTINI

IBA – New era drinks

TENORE ALCOLICO
●●●○

SAPORE
Dolce, acido, limone, arancia e fresco

Una caramella al limone

Il drink è molto famoso e il suo inventore è Robert Butt, mentre era bartender al *Oak Beach Inn*, Baylon, New York, nel 1972.
Il drink è spesso associato ai disco drink degli anni '80, all'epoca della nascita dello stile di lavoro acrobatico *flair* e erroneamente, al proibizionismo americano.
È un drink spesso snobbato dai mixologist moderni e che si porta la nomea di essere molto pesante. In realtà, se trova il suo equilibrio, è un long drink molto rinfrescante e piacevole.
Fa parte della lista IBA dalla codifica del 2004.

BICCHIERE	TECNICA	GHIACCIO
Tumbler alto 370 ml	Build	Blocco o Cubetti

RICETTA IBA

15 ml Vodka
15 ml Tequila
15 ml Rum chiaro
15 ml Gin
15 ml Cointreau
30 ml Succo di limone fresco
20 ml Sciroppo di zucchero
A colmare Coca-Cola

Decorazione: spicchio di limone

RICETTA CONSIGLIATA

15 ml Skyy Vodka
15 ml Ocho Tequila Blanco 100% Agave
15 ml Santa Teresa Claro Ron
15 ml Gordon's London Dry Gin
15 ml Cointreau
30 ml Succo di limone fresco
15 ml Sciroppo di zucchero
A colmare Coca-Cola

Twist Limone
Decorazione: spicchio di lime o limone (opzionale)

Versate gli ingredienti direttamente nel bicchiere freddo pieno di ghiaccio e miscelate delicatamente. Infine, sprizzate il twist di limone e decorate con uno spicchio di limone.

NOTE E CONSIGLI

- *Sostituendo alcuni ingredienti, è possibile ottenere diverse varianti più o meno famose.*
- *JAPAN ICED TEA, non IBA, con liquore al melone verde al posto del Triple sec e soda al limone al posto della cola.*
- *PEACH ICED TEA, non IBA, con liquore di pesca al posto del Triple sec e soda al limone al posto della cola.*

LONG ISLAND ICED TEA

IBA – Contemporary classics

TENORE ALCOLICO
●●●○

SAPORE
Dolce, acido, cola, profumo di limone, fresco e frizzante

Una bomba?

È il drink simbolo della miscelazione Tiki, dove i cocktail "falsi tropicali" sono composti nella maggior parte dei casi da diverse tipologie di Rum, succo di agrumi, sciroppi di frutta e spezie. Questo stile di miscelazione nasce negli anni '30 negli Stati Uniti per merito del genio di Don The Beachcomber e delle visioni imprenditoriali di Trader Vic.
Proprio a Trader Vic dobbiamo la paternità del drink, per quanto c'è chi sostiene che un drink simile fosse già presente tra quelli di Donn. La leggenda vuole che nel 1944, al suo *Trader Vic's* di Oakland in California, servì la miscela a due suoi amici di ritorno da *Thaiti*, che al primo sorso esclamarono: *"Mai Tai-Roa Ae"*, in taithiano qualcosa di simile a *il migliore*.
È presente nella lista IBA dalla codifica del 2011.

BICCHIERE	TECNICA	GHIACCIO
Tumbler basso 350 ml	Shake	Tritato

RICETTA IBA

30 ml Rum Giamaicano ambrato
30 ml Rum Martinicano
15 ml Liquore Orange Curaçao
15 ml Orzata
30 ml Succo di lime fresco
7,5 ml Sciroppo di zucchero

Decorazione: ananas, menta e scorza di lime

RICETTA CONSIGLIATA

30 ml Appleton Signature Blend Jamaica Rum
30 ml HSE Saint Etienne Rhum Vieux Agricole
15 ml Pierre Ferrand Dry Curaçao
20 ml Orzata
30 ml Succo di lime fresco

Decorazione: menta

Shakerate con ghiaccio tritato tutti gli ingredienti e servite nel bicchiere freddo con lo stesso ghiaccio della shakerata. Aggiungete in finale altro ghiaccio tritato perché sicuramente sarà sceso e decorate con un ciuffo di menta.

NOTE E CONSIGLI

- *Per l'orzata vedi pag. 29.*
- *Il drink nasce con l'allora Rum giamaicano Wray & Nephew 17 che oggi non esiste più e successivamente si diffonde negli Stati Uniti in diverse varianti e versioni. Oggi lo standard è utilizzare alla base del drink 2 Rum diversi, uno giovane e uno invecchiato e l'invito è di trovare una vostra combinazione.*
- *È molto famosa anche la versione del 1934 di Donn, che ha un profilo più aromatico e un'acidità diversa.*

MAI TAI

IBA – Contemporary classics

TENORE ALCOLICO
●●●○

SAPORE
Dolce, acido, arancia, lime, mandorla, fresco e potente

Simbolo di una cultura

Classico pre-proibizionista americano le cui origini non sono chiare. Il drink risale sicuramente alla fine del 1800, quando la popolarità del Vermouth rosso dolce italiano incontra quella del *Whiskey cocktail* (Whiskey-zucchero-Bitters). Tra classici di riferimento in assoluto e "generatore" a sua volta di altri drink che sono diventati classici.
La prima pubblicazione è del 1882 nel *Bartender's Manual* di Harry Johnson ed è presente nella lista IBA dalla prima codifica del 1961.

BICCHIERE	TECNICA	GHIACCIO
Coppetta 180 ml	Stir	/

RICETTA IBA	RICETTA CONSIGLIATA
50 ml Rye Whiskey 20 ml Vermouth dolce rosso 1 dash Angostura Bitters	60 ml Dad's Hat Rye Whiskey 40 ml Cocchi Storico Vermouth di Torino 1 dash Angostura Bitters
Decorazione: ciliegina	Twist Arancia

Versate tutti gli ingredienti in un mixing glass ben freddo, stirrate con ghiaccio a cubetti e filtrate in una coppetta ghiacciata. Infine, sprizzate un leggero twist di arancia che potere far cadere all'interno del cocktail.

NOTE E CONSIGLI

- *Bourbon o Rye? Oggi il Bourbon è più comune, ma il drink nasce col Rye, che preferisco perché lo trovo un sapore più adatto a questo drink.*
- ***REVERSE MANHATTAN**, non IBA, prevede di invertire le quantità tra Whiskey e Vermouth, rendendo il drink meno alcolico e il Vermouth protagonista.*
- ***ROB ROY** (pag. 292), non IBA, a base Scotch Whiskey.*
- ***CUBAN MANHATTAN**, non IBA, con Ron cubano al posto del Whiskey.*
- ***RED HOOK** (pag. 290), non IBA, classico contemporaneo.*
- ***REMEMBER THE MAINE**, non IBA, con Cherry Brandy e Pernod.*
- ***DE LA LOUISIENE**, non IBA, con Bénédictine e Assenzio.*

MANHATTAN

IBA – The unforgettables

TENORE ALCOLICO
●●●●

SAPORE
Dolce, cereali, abboccato, aromatico, profumo di arancia e potente

Il primo incontro tra Vermouth e Whiskey

Le ipotesi sulla nascita di questo grande classico sono molte e non sapremo mai la verità. Margarita è una parola spagnola che significa *Daisy*, uno stile di sour (drink dolci e acidi) addolciti con liquori di arancia.
Nel libro di W.J. Tarling *Cafè Royal Cocktail Book* del 1937, la formula del Margarita appare col nome di *Picador*, mentre solo nel 1953 viene menzionato come Margarita nel 1953 su *Esquire Magazine*.
Oggi è uno dei classici di riferimento più apprezzati al mondo ed è presente nella lista IBA dalla codifica del 1985.

	BICCHIERE	TECNICA	GHIACCIO
	Coppetta 180 ml	Shake	/

RICETTA IBA

50 ml Tequila 100% Agave
20 ml Triple sec
15 ml Succo di lime fresco

Decorazione: crusta di sale per metà bicchiere (opzionale)

RICETTA CONSIGLIATA

50 ml Ocho Tequila Blanco 100% Agave
25 ml Pierre Ferrand Dry Curaçao
25 ml Succo di lime fresco

Sale a parte

Shakerate tutti gli ingredienti e filtrate in una coppetta ghiacciata. Servite con la crusta di sale o con sale a parte.

NOTE E CONSIGLI

- *La caratteristica coppetta a sombrero è oggi demodè.*
- *Per quanto riguarda il sale, la "vecchia scuola" ha sempre suggerito di bordare la coppetta solo per metà in modo da potere bere anche dall'altra parte. Trovo che il sale faccia parte del drink e che spesso la crusta ("crasta") sia troppo grossa, per questo motivo preferisco servire il sale a parte, in modo da poterlo gustare insieme al drink per tutto il tempo. Personalmente utilizzo sale a scagliette tipo Maldon, piacevole anche da mangiare.*
- ***TOMMY'S MARGARITA** (pag. 212), IBA, classico contemporaneo twist sul Margarita.*
- ***TOREADOR**, non IBA, prevede l'utilizzo di liquore di albicocca al posto del Triple sec.*
- ***MEZCAL MARGARITA**, non IBA, utilizza Mezcal per tagliare il Tequila: 25 ml Tequila 25 ml Mezcal.*

MARGARITA

TENORE ALCOLICO
●●●○

SAPORE
Dolce, acido, lime, arancia e sale

IBA – Contemporary classics

Daisy!

Quando la miscelazione classica è tornata in auge tra la fine del 1900 e i primi anni 2000 negli Stati Uniti e dal 2010 anche in Italia, questo drink ha rappresentato un mito da conoscere e proporre nei bar. Vuoi la storia che sia il nonno del moderno Dry Martini (pag. 98) di oggi, che derivi in qualche modo dal Manhattan (pag. 138), abbiamo sicuramente davanti un cocktail elegante e strepitoso.
Compare per la prima volta nel libro del 1884 *Modern Bartenders Guide* di O.H.Byron, ne esistono diverse versioni, ed è presente nella lista IBA dall'ultima codifica del 2020.

BICCHIERE	**TECNICA**	**GHIACCIO**
Coppetta 180 ml	Stir	/

RICETTA IBA	**RICETTA CONSIGLIATA**
45 ml London Dry Gin	50 ml Tanqueray Old Tom Gin
45 ml Vermouth dolce rosso	40 ml Cocchi Storico Vermouth di Torino
1 bar spoon Liquore Maraschino	2 gocce Luxardo Maraschino
2 dashes Orange Bitters	1 dash Angostura Orange Bitters
Twist Limone	Twist Arancia

Versate tutti gli ingredienti in un mixing glass ben freddo, stirrate con ghiaccio a cubetti e filtrate in una coppetta ghiacciata. Infine, sprizzate un leggero twist di arancia.

NOTE E CONSIGLI

- *In assenza di Bitters all'arancia, potete utilizzare un bar spoon di Triple sec a 40% vol. e 2 dashes di Bitters.*
- *Preferisco utilizzare, come da vecchie ricette, un Old Tom Gin. Se invece cercate un risultato più secco utilizzate un London Dry Gin come indica anche IBA.*

MARTINEZ

TENORE ALCOLICO
●●●●

SAPORE
Dolce, aromatico, abboccato, arancia, ciliegie marasche e profumo di arancia

IBA – The unforgettables

Nonno del Dry Martini e figlio del Manhattan

Drink nato a Cuba negli anni '20, dalle mani del bartender americano Fred Kaufman, mentre lavorava all'Havana all'*Hotel Sevilla*. È stato creato in onore all'omonima attrice canadese di cinema muto, all'anagrafe Gladys Smith, che si trovava a Cuba per girare un film insieme al suo migliore amico Charlie Chaplin e il marito Douglas Fairbanks. Mary Pickford è presente per la prima volta nel libro *Manual Del Cantinero* del 1924, ma con una ricetta a base Gin, successivamente a base Rum nel libro di Basil Woon, *When It's Cocktail time in Cuba* del 1928, mentre lo standard al quale ci ispiriamo oggi è quello della ricetta che appare in *The Savoy Cocktail Book* del 1930 di Harry Craddock.
Fa parte della lista IBA dalla codifica del 2011.

BICCHIERE	TECNICA	GHIACCIO
Coppetta 180 ml	Shake	/

RICETTA IBA	RICETTA CONSIGLIATA
45 ml Rum chiaro	45 ml Havana Club 3 Años Ron
45 ml Estratto di ananas fresco	30 ml Estratto di ananas fresco
7,5 ml Liquore Maraschino	5 ml Luxardo Maraschino
5 ml Granatina	15 ml Granatina

Shakerate tutti gli ingredienti e filtrate in una coppetta ghiacciata.

NOTE E CONSIGLI

- *Per la granatina vedi pag. 29.*
- *Utilizzate estratto di ananas fresco e non succhi confezionati. In mancanza di un estrattore potere schiacciare qualche pezzo di ananas, con un muddler, direttamente all'interno dello shaker prima di versare gli ingredienti e shakerare.*

MARY PICKFORD

TENORE ALCOLICO
●●●○

SAPORE
Dolce, ananas, melagrana, ciliegie marasche e morbido

IBA – The unforgettables

La fidanzatina d'America

È stato inventato dal barman Frank Meier nel 1925 quando lavorava all'*Hotel Ritz* a Parigi e viene riportato nel suo libro *The Artistry of Mixing Drinks* del 1936.
Il suo nome è ispirato al colore giallo intenso delle mimose.
Se in Italia è considerato un aperitivo, negli Stati Uniti è un classico cocktail consumato durante il brunch.
È spesso confuso con un altro drink, il *Buck's Fizz*, che riporta gli stessi ingredienti ma in proporzioni diverse. Il *Buck's Fizz* nasce invece al *Buck's Club* di Londra intorno al 1921 e attribuito al barman Pat McGarry.
Il Mimosa fa parte della lista IBA dalla codifica del 2011, mentre il *Buck's Fizz* lo è stato in quella del 1985 e in quella del 2004.

BICCHIERE	TECNICA	GHIACCIO
Flûte 150ml	Build	/

RICETTA IBA	RICETTA CONSIGLIATA
75 ml Spremuta di arancia	75 ml Spremuta di arancia
75 ml Prosecco	75 ml Borgoluce Prosecco
Twist Arancia (opzionale)	Twist Arancia (opzionale)

Versate gli ingredienti in una flûte ghiacciata. Mescolate delicatamente senza sgasare il vino e sprizzate il twist di arancia.

NOTE E CONSIGLI

- *Vi consiglio di utilizzare spremuta di arancia fredda.*
- *BUCK'S FIZZ, ex IBA, è composto da 2 parti di vino e 1 parte di spremuta di arancia.*
- *GRAND MIMOSA, non IBA, è con l'aggiunta di Grand Marnier.*

MIMOSA

TENORE ALCOLICO
●○○○

SAPORE
Dolce, Prosecco, arancia, frizzante e profumo di arancia

IBA – Contemporary classics

Mimosa o Buck's fizz?

La parola *Julep* deriva dal persiano *gul-ab* o dall'arabo *julab*, un rimando a bevande dolci fatte con sciroppo di acqua di rose già nel 1400.
Le sue prime tracce sono legate alla storia dell'America del Sud (e le sue calde estati!) sin dalla fine del 1700. Nel 1803 lo scrittore John Davis, nel suo libro *Travels* in *The United States*, lo descrive come *una dracma di liquore con della menta bevuto al mattino dagli abitanti della Virginia.*
Oggi siamo abituati a considerare il drink a base Whiskey, ma quasi sicuramente sappiamo che nasce a base Cognac e Brandy alla pesca. Nel libro di Jerry Thomas del 1862 *Bartender's Guide*, il Mint Julep è proprio descritto a base Cognac oltre ad un dash di Rum giamaicano.
Dal 1938 è la bevanda ufficiale del Kentucky Derby ed è presente nella lista IBA dalla codifica del 2011.

BICCHIERE	TECNICA	GHIACCIO
Silver Mug 350 ml	Build	Tritato

RICETTA IBA	RICETTA CONSIGLIATA
60 ml Bourbon Whiskey	60 ml Buffalo Trace Bourbon Whiskey
4 Rametti di menta	5-6 Foglie di menta
1 bar spoon Zucchero a velo	20 ml Sciroppo di zucchero
2 bar spoon Acqua	
Decorazione: menta	Decorazione: menta e frutti di bosco

Mettete tutti gli ingredienti nel bicchiere freddo e massaggiate bene la menta. Riempite il bicchiere con ghiaccio tritato e decorate con un ciuffo di menta e frutti di bosco.

NOTE E CONSIGLI

- *Preferisco utilizzare direttamente lo sciroppo di zucchero che scioglierlo al momento in acqua.*
- *In assenza della tradizionale Silver Mug d'argento, utilizzate un tumbler alto della stessa capienza.*
- *Se volete ottenere lo scenico effetto del ghiaccio attaccato alla Mug, dovete immergerla in una contenitore con del ghiaccio tritato durante la sua preparazione.*
- *Il julep strainer è un oggetto legato a questo drink, un cucchiaio forato che permetteva di poterlo bere trattenendo ghiaccio e menta.*
- *Potete aggiungere, come nelle vecchie versioni, piccole dosi di Rum giamaicano o liquore di pesca.*

MINT JULEP

TENORE ALCOLICO
●●○○

SAPORE
Dolce, cereali, menta e molto fresco

IBA – Contemporary classics

Il Derby del Kentucky

La storia del drink è legata a Cuba, alla diffusione del Rum Bacardi sull'isola da metà del 1800 che ha reso popolare la bevanda e al mito del primo Mojito servito alla famosa *Bodeguita del Medio*. Qualcuno pensa invece che il drink sia stato inventato durante il proibizionismo e le due guerre, quando gli americani assetati volavano a Cuba e lì trasformarono il loro *Mint Julep* (pag. 148) sostituendo il Bourbon col Rum. Compare per la prima volta nel 1929 nel libro di cucina cubana del *The Cocktail book* di Juan A. Lasa col nome di *Rum Cocktail (Rum Mojo)*.
Quello che è certo che nei primi anni 2000 la bevanda torna molto famosa negli Stati Uniti e oggi è tra i drink più diffusi e richiesti in tutto il mondo. È presente nella lista IBA dalla codifica del 2004.

BICCHIERE	TECNICA	GHIACCIO
Tumbler alto 370 ml	Build	Cubetti

RICETTA IBA	RICETTA CONSIGLIATA
45 ml Rum chiaro cubano	50 ml Havana Club 3 Años Ron
20 ml Succo di lime fresco	20 ml Succo di lime fresco
2 bar spoon Zucchero di canna bianco	2 bar spoon Zucchero bianco
6 Foglie di menta	1 Rametto di menta
A colmare Soda	A colmare Perrier ben fredda
Decorazione: menta e lime	Decorazione: menta

Direttamente nel bicchiere di servizio, mescolate lo zucchero e il succo di lime. Questa operazione è importante in questa fase perché lo zucchero non si scioglie bene in alcol. Aggiungete la menta, il Rum e miscelate cercando di massaggiare e strofinare le foglie contro le pareti del bicchiere. La menta si lavora col Rum perché i suoi olii essenziali sono solubili in alcol, estraendo al meglio il suo aroma. Aggiungete ora il ghiaccio a cubi, la soda ben fredda e miscelate ancora. Infine, decorate con un ciuffo di menta.

NOTE E CONSIGLI

- *Se pestate la menta otterrete un sapore amaro ed un brutto effetto visivo.*
- *In termini di sapore, utilizzare lo zucchero di barbabietola o quello di canna bianco dà lo stesso risultato. Lo zucchero di canna grezzo invece, farà diventare giallo il vostro drink, non si scioglierà completamente e rischia di coprire il sapore delicato della menta e l'acidità del lime.*
- *Si utilizza il ghiaccio a cubetti e non quello tritato sia perché il drink non ha bisogno di essere diluito ulteriormente contenendo già molta soda, sia perché il ghiaccio tritato la sgasa più in fretta.*

MOJITO

TENORE ALCOLICO
●●○○

SAPORE
Dolce, acido, lime, menta, fresco e frizzante

IBA – Contemporary classics

Tra i drink più bevuti (e sbagliati) al mondo!

Questo drink dal nome assai bizzarro compare per la prima volta nel libro di Robert Vermiere del 1922 *Cocktails-How To Mix Them*, in cui viene attribuita la paternità del drink a Harry McElhone, al tempo bartender al *Ciro's Club* di Londra. Quando poi la ricetta compare anche nel libro di MacElhone *Harry ABC of Mixing Cocktails* del 1926, spiega che il nome deriva dagli esperimenti in cerca della giovinezza del Dott. Serge Voronoff con i testicoli di scimmia.
Fa parte della lista IBA dalla codifica del 2011.

BICCHIERE	TECNICA	GHIACCIO
Coppetta 180 ml	Shake	/

RICETTA IBA	RICETTA CONSIGLIATA
45 ml Dry Gin	50 ml Ramsbury London Dry Gin
45 ml Spremuta di arancia	40 ml Spremuta di arancia
1 bar spoon Assenzio	10 ml Granatina
1 bar spoon Granatina	1 dash Duplais Verthe Absinthe
	Twist Arancia

Shakerate tutti gli ingredienti e filtrate in una coppetta ghiacciata. Infine, sprizzate il twist di arancia.

NOTE E CONSIGLI

- *Per la granatina* *pag. 29.*
- *Preferisco aggiungere anche un twist di arancia per accentuare il profumo dell'agrume.*

MONKEY GLAND

TENORE ALCOLICO
●●●○

SAPORE
Dolce, aromatico, arancia, erbaceo e profumo di arancia

IBA – The unforgettables

L'eterna giovinezza!

Siamo nel 1941, a Los Angeles, e i protagonisti di questa storia sono: John Martin, distributore di Smirnoff Vodka, Jack Morgan, titolare del bar *Cock 'n' Bull* con un esubero (si dice) di Ginger beer e in un secondo momento Sophie Berezinsky, figlia di un imprenditore russo specializzato nella produzione di oggetti in rame.
Nasce così il successo del Moscow Mule, iconico drink servito nella caratteristica tazza di rame. Negli anni a seguire Martin iniziò un tour negli Stati Uniti dove spiegava ai bartender come preparare il drink, scattava due foto con la Polaroid, una per lui in modo che potesse mostrarla in giro e una per il barista.
Inoltre, negli anni '60, diventa famosa la pubblicità del drink legata al volto del regista Woody Allen.
Il Moscow Mule fa parte della lista IBA dalla codifica del 2011.

BICCHIERE	TECNICA	GHIACCIO
Copper Mug 350 ml	Build	Blocco o Cubetti

RICETTA IBA

45 ml Smirnoff Vodka
10 ml Succo di lime fresco
120 ml Ginger beer

Decorazione: spicchio di lime

RICETTA CONSIGLIATA

45 ml Smirnoff Vodka
10 ml Succo di lime fresco
A colmare Fever Tree Ginger Beer

Decorazione: cetriolo e menta

Versate gli ingredienti direttamente nel bicchiere freddo pieno di ghiaccio e miscelate delicatamente. Infine, decorate con uno ciuffo di menta e una fettina di cetriolo.

NOTE E CONSIGLI

- *In alternativa alla tazza di rame va benissimo un tumbler alto da circa 370 ml.*
- *La presenza o meno del cetriolo nel drink è un dibattito ricorrente. Quando il drink ha iniziato a diffondersi anche in Italia negli anni '70, la Ginger beer era un prodotto molto difficile da reperire e fu sostituita con la diversa Ginger ale che troviamo invece nel drink Pimm's Cup (vedi pag. 282). Dal lì, il cetriolo presente nel Pimm's Cup fu portato anche nel Moscow mule ed ecco spiegata dove ebbe inizio la questione. La verità è che in questo drink il cetriolo dona una certa freschezza e che ai clienti piace.*
- *GIN GIN MULE (pag. 258), non IBA, è un classico contemporaneo.*
- *EL DIABLO, non IBA, è composto da: 40 ml Tequila 100% agave- 10 ml Crème de cassis e a colmare Ginger beer.*
- *FLORADORA, non IBA, non IBA, è composto da: 40 ml Gin – 15 ml liquore di lampone 10 ml succo di lime – a colmare Ginger beer o Ginger ale.*

MOSCOW MULE

TENORE ALCOLICO
●●○○

SAPORE
Dolce, acido, lime, zenzero, fresco e frizzante

IBA – Contemporary classics

Il mulo di Mosca

Creato da Joaquin Simò nel 2011 al Death & Co. di New York.
Il cocktail è un ben riuscito incrocio tra un *Paper Plan* (pag. 168) ed un *Last Word* (pag. 130). Simò stesso lo definisce come: *l'amato figlio bastardo tra i due drink.*
Nuova entrata nell'ultima lista IBA del 2020.

	BICCHIERE	**TECNICA**	**GHIACCIO**
	Coppetta 180 ml	Shake	/

RICETTA IBA	RICETTA CONSIGLIATA
22,5 ml Mezcal	25 ml Del Maguey Mezcal Vida
22,5 ml Chartreuse gialla	25 ml Chartreuse gialla
22,5 ml Aperol	25 ml Select Bitter Aperitivo
22,5 ml Succo di lime fresco	25 ml Succo di lime fresco

Shakerate tutti gli ingredienti e filtrate in una coppetta ghiacciata.

NOTE E CONSIGLI

- *A seconda del tipo di Mezcal che utilizzerete avrete note più o meno affumicate.*

NAKED AND FAMOUS

IBA – New era drinks

TENORE ALCOLICO

●●●●

SAPORE
Dolce, acido, lime, amaricante, affumicato, erbaceo, fresco e potente

Il figlio illegittimo

La leggenda narra che il Conte Camillo Negroni diede vita a questo drink intorno al 1919 a Firenze presso il *Bar Casoni* (poi Caffè Giacosa), dove chiedendo qualcosa di più forte del solito *Americano* (pag. 54), il barman Fosco Scarselli sostituì alla soda del Gin. Questa prima versione originale era probabilmente servita senza ghiaccio in piccoli calici come gli Americani e i *Milano-Torino* (pag. 272) dell'epoca, con una dose di Vermouth maggiore rispetto a quella del Bitter e una piccola parte di Gin. In Italia la prima pubblicazione del *Negroni* compare sul libro *Cocktail Portfolio* del 1947.
La combinazione Bitter-Vermouth-Gin, prima di essere universalmente riconosciuta come Negroni, era già presente su testi stranieri con altri nomi e forme. Oggi è tra i drink più apprezzati in assoluto sia dai clienti che dai bartender.
Il Negroni è già presente nella prima codifica IBA del 1961.

BICCHIERE	TECNICA	GHIACCIO
Tumbler 350 ml	Stir	Blocco o Cubetti

RICETTA IBA

30 ml Bitter Campari
30 ml Vermouth dolce rosso
30 ml Gin

Twist Limone
Decorazione: fetta di arancia

RICETTA CONSIGLIATA

30 ml Bitter Campari
30 ml Cocchi Storico Vermouth di Torino
30 ml Beefeater London Dry Gin

Twist Limone

Versate tutti gli ingredienti in un mixing glass ben freddo, stirrate con ghiaccio a cubetti e filtrate nel bicchiere freddo e pieno di ghiaccio. Infine, sprizzate il twist di limone.

NOTE E CONSIGLI

- *Mai come oggi, con tutte le varietà di Bitter, Vermouth e Gin presenti sul mercato, è possibile creare Negroni dalle sfumature diverse.*
- *Lo standard e il punto di partenza è prepararlo in parti uguali, ma non è un obbligo. In base al risultato che vorrete raggiungere, potete ribilanciarlo in favore del Bitter (più amaro), del Vermouth (più dolce) o del Gin (più aromatico).*
- *Se lo volete più leggero potete aggiungere una piccola quantità di soda in finale.*
- *La fetta di arancia lo addolcirà, mentre un twist di agrume gli donerà complessità aromatica.*
- ***MEZCAL NEGRONI** è una variante non IBA dove il Mezcal taglia il Gin: 15 ml e 15 ml.*

NEGRONI

IBA – *The unforgettables*

TENORE ALCOLICO

●●●●

SAPORE
Amaro, dolce, abboccato, aromatico, potente e profumo di limone

Il re dell'aperitivo!

Nasce a Chicago alla fine del 1800 e all'epoca conosciuto anche con altri nomi quali: *Continental Sour*, *Southern Whiskey Sour*, *Brunswick Sour*, *Claret Snap*.
Si tratta di un *Whiskey Sour* (pag. 224) con un float di vino rosso.
Fa parte della lista IBA dall'ultima codifica del 2020.

BICCHIERE	TECNICA	GHIACCIO
Tumbler basso 350 ml	Shake	Blocco o Cubetti

RICETTA IBA

60 ml Rye o Bourbon Whiskey
22,5 ml Sciroppo di zucchero
30 ml Succo di limone fresco
Qualche goccia Albume pastorizzato
15 ml Vino rosso

Decorazione: fetta o twist di arancia e ciliegina

RICETTA CONSIGLIATA

50 ml Bulleit Bourbon Whiskey
20 ml Sciroppo di zucchero
30 ml Succo di limone fresco
10 ml Albume pastorizzato
15 ml Quinta Do Noval Black Porto

Twist Arancia

Versate tutti gli ingredienti in un Boston. Dopo avere effettuato una Dry Shake o montato gli ingredienti con un aerolatte, shakerate con ghiaccio e filtrate nel bicchiere freddo pieno ghiaccio. Ora, versate delicatamente il vino in modo che rimanga sospeso in superficie. Infine, sprizzate il twist di arancia.

NOTE E CONSIGLI

- *Per il vino rosso è consigliato un Malbec, uno Shiraz oppure un vino fortificato come il Porto rosso.*

NEW YORK SOUR

TENORE ALCOLICO
●●●○

SAPORE
Dolce, cereali, vino rosso, profumo di arancia e morbido

IBA – New era drinks

Rosso sour!

Creazione di Audrey Saunders, bartender e proprietaria del *Pegu Club* a New York dal 2005 e chiuso nel 2020. Il cocktail prende ispirazione dal Mojito (pag. 150), utilizzando però Rum invecchiato, aggiungendo una parte aromatica col Bitters, un tocco di vino con lo Champagne e servito in una coppetta.
Diventa popolare nel giro di poco tempo, oggi è considerato un classico contemporaneo ed è entrato nella lista IBA con l'ultima codifica del 2020.

	BICCHIERE	**TECNICA**	**GHIACCIO**
	Coppetta 180 ml	Shake	/

RICETTA IBA	**RICETTA CONSIGLIATA**
6-8 Foglie di menta	5-6 Foglie di menta
45 ml Rum invecchiato	40 ml Bacardi 8 años Rum
22,5 ml Succo di lime fresco	15 ml Succo di lime fresco
30 ml Sciroppo di zucchero	10 ml Sciroppo di zucchero
2 gocce Angostura Bitters	1 dash Angostura Bitters
60 ml Champagne o Prosecco	A colmare Jacquart Brut Mosaïque Champagne
Decorazione: menta	Decorazione: menta

Shakerate tutti gli ingredienti tranne il vino e filtrate in una coppetta ghiacciata. Aggiungete lo Champagne ben freddo e un ciuffo di menta come decorazione.

NOTE E CONSIGLI

- *Se seguite le indicazioni di IBA vi servirà una coppa da 220 ml, più grande di quella standard da 180 ml.*
- *Per una piccola variazione, aggiungendo 5 ml di Chartreuse gialla o verde otterrete un nuovo drink con una direzione erbacea molto interessante.*

OLD CUBAN

TENORE ALCOLICO
●●●○

SAPORE
Dolce, acido, menta, Champagne, fresco e frizzante

IBA – New era drinks

Il vecchio cubano

La prima definizione di cocktail è del 1806, sul giornale *Balance and Columbian Repository* di New York: *una bevanda stimolante, fatta di spiriti di ogni tipo, ai quali vengono aggiunti acqua, zucchero e un amaro.*
Questa frase definisce in realtà un'intera classe di cocktail che seguendo questa formula si sono diffusi nel corso del 1800 negli Stati Uniti: a base Rum, Gin, Genever, Brandy e naturalmente Whiskey. Il primo *Whiskey Cocktail* appare sul libro di Jerry Thomas del 1862 *Bartender's Guide*, mentre diventa ufficialmente Old Fashioned quando viene menzionato per la prima volta nel *Chicago Daily Tribune* nel 1880 e nel libro The *Bartender's Manual* del 1888 di Thodore Proulx's.
Oggi rappresenta uno dei drink più importanti in assoluto e fa parte della lista IBA dalla prima codifica del 1961.

BICCHIERE	TECNICA	GHIACCIO
Tumbler basso 350 ml	Stir	Blocco o Cubetti

RICETTA IBA	RICETTA CONSIGLIATA
45 ml Bourbon o Rye Whiskey	60 ml Dad's Hat Rye Whiskey
1 Zolletta di zucchero	1 Zolletta di zucchero satura di Angostura Bitters
Qualche goccia di Angostura Bitters	Splash Acqua minerale
Un goccio di acqua minerale	
Twist Arancia	
Decorazione: ciliegina	Twist Arancia

Prendete un tovagliolino, mettetevi sopra la zolletta, appoggiate tutto sul mixing glass ghiacciato e saturatela con l'Angostura. Lasciate ora cadere la zolletta nel mixing glass e mettete l'acqua naturale che servirà solo a sciogliere la zolletta evitando uno strato di zucchero sul fondo aiutandovi col bar spoon. Versate ora il Whiskey, l'Angostura, mettete il ghiaccio a cubetti e stirrate. Filtrate nel bicchiere freddo pieno di ghiaccio e sprizzate il twist di arancia.

NOTE E CONSIGLI

- *Gli amanti della storia distinguono tra Whiskey Cocktail ed Old Fashioned in base all'utilizzo di sciroppo di zucchero nel primo caso e la classica zolletta di zucchero nel secondo. Personalmente non mi formalizzo e trovo che l'utilizzo dello sciroppo sia molto comodo, come utilizzare direttamente uno sciroppo di Angostura.*
- *Con Angostura Cacao Bitters, otterrete un interessante versione al cacao.*
- ***OAXACA OLD FASHIONED**, non IBA, è un classico contemporaneo che prevede: 40 ml Tequila reposado, 20 ml Mezcal, 20 ml sciroppo d'agave e 2 dashes di Bitters.*
- ***CUBAN OLD FASHIONED**, non IBA, è a base Rum cubano invecchiato.*

OLD FASHIONED

IBA – The unforgettables

TENORE ALCOLICO
●●●●

SAPORE
Dolce, cereali, aromatico, potente e profumo di arancia

Il cocktail alla vecchia maniera

Uno dei drink più bevuti in Messico e che significa *Colomba*.
Negli ultimi anni ha riscosso un grandissimo successo ovunque, a tal punto da essere inserito nell'ultima codifica IBA del 2020.

BICCHIERE	TECNICA	GHIACCIO
Tumbler alto 370 ml	Build	Blocco o Cubetti

RICETTA IBA

50 ml Tequila 100% Agave
5 ml Succo di lime fresco
1 Pizzico di sale
100 ml Soda al pompelmo rosa

Decorazione: spicchio di lime

RICETTA CONSIGLIATA

50 ml Tapatio Tequila Blanco 100% Agave
10 ml Succo di lime fresco
1 Pizzico di sale
A colmare Soda al pompelmo rosa

Decorazione: spicchio di lime o fetta di pompelmo

Versate gli ingredienti direttamente nel bicchiere freddo pieno di ghiaccio e miscelate delicatamente. Infine, decorate.

NOTE E CONSIGLI

- *Se volete realizzare una soda al pompelmo home-made, pag. 31.*
- *In mancanza della soda al pompelmo, potete versare 30-40 ml di spremuta di pompelmo rosa, 10 ml di sciroppo di zucchero e utilizzare della soda.*
- *Volendo, è possibile realizzare una crusta di sale sul bordo del bicchiere, bagnandolo con uno spicchio di lime o pompelmo e intingendolo delicatamente nel sale.*

PALOMA

TENORE ALCOLICO
●●○○

SAPORE
Dolce, acido, pompelmo, fresco e frizzante

IBA – New era drinks

La colomba rosa

Una variazione del classico *Last Word* (pag. 130), creata dal bartender americano Sam Ross nel 2007 per il menù di *The Violet Hour* a Chicago, dove in realtà non lavorò mai. La prima versione del drink prevedeva Bitter Campari, che cambiò in Aperol quando Ross iniziò a lavorare al famoso *Milk & Honey* (ora *Attaboy*) a New York pochi anni dopo. Il nome viene da una canzone del rapper inglese M.I.A. che Ross ascoltava mentre stava creando la ricetta.
Oggi questo modern classic a base Bourbon è tra i drink più apprezzati e richiesti al mondo, in particolare negli Stati Uniti, al punto di essere stato selezionato nell'ultima codifica IBA del 2020.

BICCHIERE	TECNICA	GHIACCIO
Coppetta 180 ml	Shake	/

RICETTA IBA

30 ml Bourbon
30 ml Amaro Nonino
30 ml Aperol
30 ml Succo di limone fresco

RICETTA CONSIGLIATA

25 ml Buffalo Trace Bourbon Whiskey
25 ml Amaro Nonino Quintessentia
25 ml Select Bitter Aperitivo
25 ml Succo di limone fresco

Shakerate tutti gli ingredienti e filtrate in una coppetta ghiacciata.

NOTE E CONSIGLI

- *Utilizzando succo di lime al posto di quello di limone avrete un'acidità più pungente.*
- *L'aperitivo bolognese Select lavora davvero bene in questo drink.*

PAPER PLAN

IBA – New era drinks

TENORE ALCOLICO
●●●○

SAPORE
Dolce, amaro, acido, limone, cereali e fresco

Un super modern classic

La ricetta è del famoso bartender Harry Craddock, capo barman dell'*American Bar* all'Hotel Savoy di Londra dal 1926 al 1938, e la troviamo nel suo libro *The Savoy Cocktail Book* del 1930.
Fa parte della lista IBA dalla prima codifica 1961.

BICCHIERE	TECNICA	GHIACCIO
Coppetta 180 ml	Shake	/

RICETTA IBA

30 ml Gin
20 ml Apricot Brandy
15 ml Spremuta di arancia

RICETTA CONSIGLIATA

45 ml Ramsbury London Dry Gin
15 ml Merlet Lune D'Abricot
30 ml Spremuta di arancia
5 ml Succo di limone fresco

Twist Limone

Shakerate tutti gli ingredienti e filtrate in una coppetta ghiacciata.
Infine sprizzate il twist di limone.

NOTE E CONSIGLI

- *Preferisco aggiungere 5 ml di succo di limone per bilanciare meglio l'acidità.*
- *Se preferite, potete anche aggiungere 5 ml di sciroppo di zucchero per renderlo più dolce.*
- *In alcune versioni, per un aromatico tocco di arancia in più, è possibile trovare anche 2 dashes di Orange Bitters.*

PARADISE

TENORE ALCOLICO
●●●○

SAPORE
Dolce, aromatico, albicocca, arancia e profumo di limone

IBA – The unforgettables

Paradiso

Classico contemporaneo molto recente, che nasce al *Milk & Honey* di New York, aperto nel 1999, diventato poi Attaboy nel 2013.
Il suo fondatore, il compianto Sasha Petraske, è stato il punto di svolta nella rinascita della miscelazione classica: cocktail bar con pochi posti e solo su prenotazione, le regole della casa, enorme attenzione dei cocktail classici e pre-proibizionisti, utilizzo di ghiaccio di qualità, del jigger, solo prodotti freschi e tante altre attenzioni e innovazioni che oggi i bartender danno per assodate, ma di cui senza il suo carisma non staremmo forse oggi a parlarne.
Il Penicillin viene creato dal bartender australiano Sam Ross mentre lavorava al Milk & Honey intorno al 2005. Ross riesce ad unire 2 Whisky molto diversi tra loro, limone e zenzero costruendo un'unione perfetta. Il Penicillin è una delle nuove entrate nella lista IBA con la codifica del 2020.

BICCHIERE	TECNICA	GHIACCIO
Tumbler basso 350 ml	Shake	Blocco o Cubetti

RICETTA IBA

60 ml Blended Scotch Whisky
7,5 ml Lagavulin 16y Whisky
22,5 ml Succo di limone fresco
22,5 ml Honey mix
2-3 Pezzetti di zenzero fresco

Decorazione: zenzero candito

RICETTA CONSIGLIATA

60 ml Johnnie Walker Black Label Blended Scotch Whisky
20 ml Succo di limone fresco
20 ml Honey mix allo zenzero
5 ml Lagavulin 16y Islay Single Malt Whisky

Twist Limone
Decorazione: zenzero candito

Shakerate gli ingredienti ad eccezione del Lagavulin e filtrate nel bicchiere freddo pieno di ghiaccio. Ora, versate delicatamente il Lagavulin in cima, sprizzate il twist di limone e decorate con un pezzetto di zenzero candito.

NOTE E CONSIGLI

- *Per comodità preferisco utilizzare un honey mix allo zenzero (pag. 29), oppure, come indica IBA, potete schiacciare qualche pezzettino di zenzero sbucciato con muddler all'interno dello shaker come prima cosa, poi shakerare.*

PENICILLIN

TENORE ALCOLICO
●●●○

SAPORE
Dolce, acido, affumicato, zenzero, limone e pungente

IBA – New era drinks

Inno al whisky!

Partiamo col dire che è nella lista dei cocktail peggio eseguiti, mentre preparato nel modo corretto è una vera delizia. Nasce in modo ancestrale, come bevanda tradizionale dei Cairaibi. All'inizio si fece conoscere a Cuba coi nomi di *Piña Fria, Piña Fria Colada e Piña colada*, in versione analcolica e composta da succo di ananas shakerato con zucchero e ghiaccio, ma anche in versione alcolica col Rum. *Piña* è l'ananas mentre la parola *Colada* si riferisce alla spremitura del frutto per ricavarne il succo. *Piña con Ron*, con l'aggiunta di Rum cubano dagli anni '20, a Cuba, diventa una miscela bilanciata molto apprezzata dai turisti e non solo, tanto da iniziare a comparire nei ricettari dell'associazione dei barman cubani *Cantineros De Cuba*.
Con l'introduzione della crema di cocco, con Coco Lopez negli anni '50 e negli anni dei primi frullatori, nasce la Piña Colada moderna; siamo a Portorico, dove diventa poi il cocktail ufficiale all'*Hotel Caribe Hilton*.
Fa parte della lista IBA dalla codifica del 1985.

BICCHIERE	TECNICA	GHIACCIO
Tumbler alto 370 ml	Blend	/

RICETTA IBA

50 ml Rum chiaro
30 ml Crema di cocco
50 ml Succo di ananas fresco

Decorazione: fetta di ananas e ciliegina

RICETTA CONSIGLIATA

45 ml Havana Club 3 Años Ron
30 ml Crema di cocco Naty's
60 ml Estratto di ananas fresco
10 ml Succo di lime fresco

Decorazione: ananas

Frullate per circa 10-15 secondi tutti gli ingredienti in un blender insieme alla quantità una mezza paletta di ghiaccio (meglio se tritato) in modo da ottenere una consistenza cremosa e non troppo densa (in questo caso avrete esagerato col ghiaccio). Servite nel bicchiere di servizio e decorate.

NOTE E CONSIGLI

- *Trovo ottima anche la versione shakerata con gli stessi ingredienti.*
- *L'utilizzo del lime serve a bilanciare meglio tutto il drink rendendolo meno dolce ed è un ingrediente chiave.*
- *Utilizzate crema di cocco, non latte di cocco.*

PIÑA COLADA

TENORE ALCOLICO
●●○○

SAPORE
Dolce, acido, ananas, lime, cocco e cremoso

IBA – Contemporary classics

Ananas!

Non conosciamo esattamente la vera storia e origine di questo drink. Sembra che lo abbia creato Victor Morris al suo *Morris 'Bar*, in Lima, nel 1916, in alternativa al *Whiskey Sour* (pag. 224), ma esistono alcune tracce per cui sembrerebbe che il drink sia precedente, come nel *Nuovo Manual De Cucina a la Criolla* pubblicato sempre a Lima nel 1903.
In ogni caso, il Pisco Sour è un classico cocktail sudamericano di cui sia Cile sia Perù rivendicano la paternità, asserendo entrambe di essere la nazione che ha dato vita al Pisco.
Il drink ha iniziato a farsi conoscere al di fuori dei suoi confini quando ha iniziato ad essere proposto da Joe Baum a *La Fonda Del Sol* a New York negli anni '60.
Fa parte della lista IBA dalla codifica del 2011.

BICCHIERE	TECNICA	GHIACCIO
Coppetta 180 ml	Shake	/

RICETTA IBA

60 ml Pisco
30 ml Succo di limone fresco
20 ml Sciroppo di zucchero
1 Bianco d'uovo

Decorazione: qualche goccia di Amargo Bitters

RICETTA CONSIGLIATA

60 ml Tabernero Pisco Quebranta
30 ml Succo di limone fresco
20 ml Sciroppo di zucchero
10 ml Albume pastorizzato
2 dashes Amargo Chunco Bitters

Versate tutti gli ingredienti in un Boston ad eccezione dell'Amargo. Dopo avere effettuato una Dry Shake o montato gli ingredienti con un aerolatte, shakerate con ghiaccio e filtrate tutto in una coppetta ghiacciata. Infine, versate qualche goccia di Amargo sulla superficie del drink in modo che possa essere allo stesso tempo sia un elemento aromatico che una guarnizione.

NOTE E CONSIGLI

- *IBA riporta succo di limone che lavora benissimo, ma in questo caso trovo l'acidità del lime più interessante.*
- *La ricetta IBA riporta la versione shakerata, ma in modo tradizionale il Pisco Sour è spesso preparato e servito con tecnica Blend. In questo caso non esagerate col ghiaccio, il risultato deve essere quasi vaporoso.*
- *Il bicchiere di servizio può essere una coppetta come riporta IBA, ma anche un tumbler basso da circa 270 ml.*
- *Il Pisco Sour cileno differenzia da quello peruviano perché spesso non vengono utilizzati gli albumi.*

PISCO SOUR

TENORE ALCOLICO
●●●○

SAPORE
Dolce, acido, uva, morbido e aromatico

IBA – Contemporary classics

Il Sour del Sudamerica!

Il Planter's Punch, come il *Ti Punch* (pag. 296) o la *Canchanchara* (pag. 80) rappresenta un modo tradizionale di bere Rum nei caraibi.
Esistono diverse versioni di questo drink, tra cui la versione del 1937 di Don The Beachcomber (il padre della miscelazione Tiki), ma la ricetta originale giamaicana è davvero semplice ed efficace.
Fa parte della lista IBA dalla codifica 1985, ma con una ricetta diversa da quella dell'ultima codifica del 2020 che riporta la versione ancestrale giamaicana.

BICCHIERE	TECNICA	GHIACCIO
Tumbler alto 270 ml	Build	Tritato

RICETTA IBA

45 ml Rum Giamaicano
15 ml Succo di lime fresco
30 ml Sciroppo di zucchero

RICETTA CONSIGLIATA

45 ml Myers's Original Dark Jamaican Rum
30 ml Succo di lime fresco
30 ml Sciroppo di zucchero

Versate gli ingredienti nel bicchiere di servizio ghiacciato, riempite con ghiaccio tritato e mescolate delicatamente.

NOTE E CONSIGLI

- *Ogni Rum giamaicano ha diverse caratteristiche, per quanto di base sono scuri, corposi e allo stesso tempo dolci, secchi e legnosi.*

PLANTER'S PUNCH

IBA – The unforgettables

TENORE ALCOLICO
●●●○

SAPORE
Dolce, acido, lime
e fresco

Tradizione giamaicana

I *Flip* sono una categoria di drink composti da uova (intere o solo il tuorlo), zucchero, spirito e vini fortificati.
Le radici dei Flip si perdono nel tempo e hanno probabilmente origine nell'Inghilterra del 1600.
Nel libro del 1882 di Harry Johnson *New and Improved Bartender's Manual* troviamo il *Port Wine Flip*, mentre nel libro di Jerry Thomas del 1887 *Bartender's Guide* troviamo con gli stessi ingredienti il *Coffee Cocktail*.
Il Porto Flip fa parte della lista IBA dalla codifica del 1993.

BICCHIERE	TECNICA	GHIACCIO
Coppetta 180 ml	Shake	/

RICETTA IBA

15 ml Brandy
45 ml Porto rosso
10 ml Tuorlo d'uovo

Decorazione: leggera spolverata di noce moscata

RICETTA CONSIGLIATA

40 ml Mazzetti Brandy 12 anni
40 ml Taylor Tawny Porto 10 years old
10 ml Tuorlo d'uovo pastorizzato
10 ml Sciroppo di zucchero

Decorazione: leggera spolverata di noce moscata

Shakerate tutti gli ingredienti e filtrate in una coppetta ghiacciata. Infine, spolverate con noce moscata.

NOTE E CONSIGLI

- *Rispetto alla ricetta IBA consiglio di utilizzare una piccola dose di sciroppo di zucchero per bilanciare meglio il drink.*
- *Non utilizzate uova fresche, ma solo prodotti pastorizzati, comodi e sicuri.*

PORTO FLIP

TENORE ALCOLICO
●●●○

SAPORE
Dolce, vino rosso, noce moscata e morbido

IBA – The unforgettables

Con tuorlo d'uovo!

È conosciuto anche come *Ramos Gin Fizz* o *New Orleans Fizz*. La leggenda vuole che Henry Charles Ramos, proprietario dell'*Imperial Cabinet Saloon* a New Orleans tra il 1888 e il 1907, facesse shakerare il drink ai suoi barback per 12 minuti passandosi lo shaker di mano in mano finchè non sentissero più il ghiaccio. In questo modo, si otteneva una consistenza soffice e vellutata.
Ne troviamo la prima traccia nel libro *Modern American Drinks* di George Kappeler del 1895. Fa parte della lista IBA dalla codifica del 2011.

BICCHIERE	TECNICA	GHIACCIO
Tumbler alto 270 ml	Shake	/

RICETTA IBA

45 ml Gin
15 ml Succo di limone fresco
15 ml Succo di lime fresco
30 ml Sciroppo di zucchero
60 ml Panna fresca
30 ml Albume pastorizzato
3 gocce Acqua di fiori d'arancio
2 gocce Estratto di vaniglia
A completare Soda

RICETTA CONSIGLIATA

45 ml Beefeater London Dry Gin
25 ml Succo di limone fresco
15 ml Sciroppo di vaniglia
15 ml Panna fresca
10 ml Albume pastorizzato
3 gocce Acqua di fiori d'arancio
A completare Perrier

Versate gli ingredienti nel Boston ad eccezione della soda ed effettuare una Dry Shake o emulsionare con l'aerolatte.
Shakerate col ghiaccio, filtrate nel bicchiere freddo, e aggiungete la soda. Per ottenere il cappello compatto di soda, versate una piccola parte di cocktail dopo aver versato la soda, al centro di questa.

NOTE E CONSIGLI

- *Ovviamente, non importa shakerare per 12 minuti, ma effettuare una shakerata decisa e un po' più lunga del solito.*
- *Il drink si rifà al* GIN FIZZ*, pag. 110.*

RAMOS GIN FIZZ

TENORE ALCOLICO
●●○○

SAPORE
Dolce, acido, aromatico, agrumi, vaniglia, panna, frizzante e morbido

IBA – The unforgettables

12 minuti di shakerata

Questo long drink è stato creato dal leggendario Dick Bradsell negli anni '80, mentre lavorava a Londra allo *Zanzibar* e ispirandosi al Kir Royal.
Fa parte della lista IBA dalla codifica del 2011.

	BICCHIERE	TECNICA	GHIACCIO
	Tumbler alto 370 ml	Shake	Blocco o Cubetti

RICETTA IBA

25 ml Vodka
15 ml Crème de cassis
22,5 ml Succo di limone fresco
10 ml Sciroppo di zucchero
A completare Champagne

Decorazione: more e/o fetta di limone

RICETTA CONSIGLIATA

40 ml Belvedere Vodka
15 ml Cassis del Pères Chartreux Crème de cassis
20 ml Succo di limone fresco
10 ml Sciroppo di zucchero
A completare Billecart-Salmon Champagne

Decorazione: more

Shakerate tutti gli ingredienti tranne lo Champagne e filtrate nel bicchiere freddo pieno di ghiaccio. Ora, aggiungete lo Champagne ben freddo e decorate.

NOTE E CONSIGLI

- *Se provate a tagliare la Crème de cassis con un ottimo liquore al lampone, otterrete un risultato ancora più intenso di frutti di bosco.*

RUSSIAN SPRING PUNCH

IBA – New era drinks

TENORE ALCOLICO
●●○○

SAPORE
Dolce, acido, frutti di bosco, fresco, Champagne e frizzante

Red Punch!

Uno Scotch cocktail molto semplice che riporta un abbinamento davvero azzeccato di ingredienti.
Secondo lo storico della miscelazione David Wondrich, esistono alcune tracce di questo abbinamento datate 1937, mentre il drink viene reso popolare solo negli anni '60 al *21 Club* di New York.
Fu anche uno dei drink preferito del *Rat Pack*, un club di uomini di spettacolo tra gli anni '50-'60, tra cui Frank Sinatra, Humphrey Bogart e Dean Martin.
Fa parte della lista IBA dalla codifica del 1985.

BICCHIERE	TECNICA	GHIACCIO
Tumbler basso 270 ml	Stir	Blocco o Cubetti

RICETTA IBA

45 ml Scotch Whisky
25 ml Drambuie

Twist Limone

RICETTA CONSIGLIATA

40 ml Dewars 12 Blended Scotch Whisky
10 ml Laphroaig 10 Islay Single Malt Scotch Whisky
25 ml Drambuie

Twist Limone

Versate tutti gli ingredienti in un mixing glass ben freddo, stirrate con ghiaccio a cubetti e filtrate in una coppetta ghiacciata. Infine, sprizzate il twist di limone.

NOTE E CONSIGLI

- *Utilizzate il Whisky che preferite in base al risultato che volete raggiungere. Io sono solito utilizzare un Blended Scotch Whisky, più morbido, oppure un misto tra Blended e Single Malt quando voglio dare anche una nota torbata più incisiva. Se invece volete un risultato molto torbato, utilizzate direttamente un Single Malt.*

RUSTY NAIL

TENORE ALCOLICO
●●●●

SAPORE
Dolce, torbato, erbaceo, potente e profumo di limone

IBA – The unforgettables

Un chiodo arrugginito

La storia del Sazerac è legata alla storia di New Orleans a cavallo tra il 1800 e il 1900, anche se non ne conosciamo con certezza le origini.
Le teorie sono: che in origine venisse utilizzato il Cognac *Sazerac de Forge et Fils*, che il Rye Whiskey poi lo sostituì, che il cocktail venisse già servito alla *Sazerac Coffee House* dal 1852 o che lo inventò lo stesso farmacista Antoine Peycheaud col suo Bitters.
Lo storico della miscelazione David Wondrich afferma, nel 2015, che non vi sono documenti a supporto di queste tesi, che in città vi erano diverse Sazerac House, che la miscela fosse bevuta col Rye fin dall'inizio e che la prima traccia scritta risale al 1898, quando T. Handy, proprietario del *Sazerac Coffee House*, diede la ricetta a W. Boothby che la pubblicò nel sul libro del 1908 *Drinks And How To Mix Them*.
Dal 2008 è il cocktail ufficiale delle Louisiana, di New Orleans e fa parte della lista IBA dalla codifica del 2011.

BICCHIERE	TECNICA	GHIACCIO
Tumbler basso 350 ml	Stir	/

RICETTA IBA	RICETTA CONSIGLIATA
50 ml Cognac	50 ml Mitcher's Rye Whiskey
10 ml Assenzio	4 gocce Varnelli L'Anice Secco Speciale
1 Zolletta di zucchero	1 Zolletta di zucchero satura di Peycheaud's Bitters
2 dashes Peychaud's Bitters	
Twist Limone	Twist Limone

Prendete un tovagliolino, mettetevi sopra la zolletta, appoggiate tutto sul mixing glass ghiacciato e saturatela con il Peycheaud's Bitters. Lasciate ora cadere la zolletta nel mixing glass freddo, versate il Whiskey, il liquore di anice, cercate di sciogliere lo zucchero col bar spoon, mettete il ghiaccio a cubetti e stirrate. Filtrate nel bicchiere senza ghiaccio, sprizzate il twist di limone ed eliminatelo.

NOTE E CONSIGLI

- *Per quanto lo standard è di preparalo col Rye Whiskey, qualcuno potrebbe preferirlo a base Cognac come indica anche IBA, come esiste una versione* **SAZERAC HALF AND HALF** *con metà Rye e metà Cognac.*
- *Sono solito non mettere nel drink la scorza di limone del twist ma lasciare il drink liscio.*
- *Il drink assomiglia al* **VIEUX CARRÈ**, *IBA, pag. 222, e all'***OLD FASHIONED**, *IBA, pag. 164.*

SAZERAC

IBA – The unforgettables

TENORE ALCOLICO
●●●●

SAPORE
Dolce, cereali, aromatico, aniciato, profumo di limone e potente

Il drink ufficiale di New Orleans!

Il drink nasce negli anni '60 quando la cooperativa Ocean Spray, il cui prodotto principale era il mirtillo rosso americano, volle promuovere il succo di mirtillo. Questo long drink fa parte della lista IBA dalla codifica del 2004.

BICCHIERE	TECNICA	GHIACCIO
Tumbler alto 370 ml	Build	Blocco o Cubetti

RICETTA IBA	RICETTA CONSIGLIATA
40 ml Vodka	45 ml Smirnoff Vodka
30 ml Spremuta di pompelmo	30 ml Spremuta di pompelmo
120 ml Succo di Cranberry	A colmare Succo di Cranberry Naty's
Twist Arancia	
Decorazione: ciliegina	Decorazione: spicchio di lime

Versate gli ingredienti direttamente nel bicchiere freddo pieno di ghiaccio e miscelate delicatamente. Infine, decorate con uno spicchio di lime.

NOTE E CONSIGLI

- *Non utilizzate succo di mirtillo nero, ma solo quello di mirtillo rosso americano.*
- *BAY BREEZE, non IBA, contiene ananas anziché spremuta di pompelmo.*
- *MADRAS, non IBA, contiene spremuta di arancia anziché spremuta di pompelmo.*

SEA BREEZE

TENORE ALCOLICO
●●○○

SAPORE
Dolce, arancia, pompelmo, cranberry e fresco

IBA – Contemporary classics

Vodka e mirtillo rosso!

Il drink fu creato da Ted Pizio, barman del *Confetti* di Fort Lauderdale in Florida, per una competizione che indisse l'azienda *National Distribution* per sponsorizzare il proprio liquore alla pesca nel 1987.
Fa parte della lista IBA dalla codifica del 2004.

BICCHIERE	TECNICA	GHIACCIO
Tumbler alto 370 ml	Build	Blocco o Cubetti

RICETTA IBA	RICETTA CONSIGLIATA
40 ml Vodka	45 ml Skyy Vodka
20 ml Liquore alla pesca	15 ml Merlet Crème de Pêche
40 ml Spremuta di arancia	45 ml Spremuta di arancia
40 ml Succo di cranberry	45 ml Succo di cranberry Naty's
Decorazione: fetta di arancia	Decorazione: fetta di arancia

Versate gli ingredienti nel bicchiere freddo pieno di ghiaccio e miscelate delicatamente. Infine, decorate con una fetta di arancia.

NOTE E CONSIGLI

- *Il drink sembra un incrocio tra un* **FUZZY NAVEL**, *non IBA, composto da liquore alla pesca e spremuta di arancia e un* **CAPE CODDER**, *non IBA, composto da Vodka e succo di mirtillo rosso.*

SEX ON THE BEACH

IBA – Contemporary classics

TENORE ALCOLICO
●●○○

SAPORE
Dolce, arancia, pesca, mirtillo e fresco

...sulla spiaggia!

Il drink prende sicuramente ispirazione dal *Brandy Crusta* (pag. 76) e compare la prima volta nel libro di Robert Vermiere Cocktails: *How To Mix Them* del 1922.
È molto diffuso nella Londra degli anni '20 e sembra che lo abbia creato il barman Pat McGarry al *Buck's Club*, come cita nella ricetta del suo libro *Harry ABC of Mixing Cocktails*, di cui non si conosce l'esatta data di stampa (tra il 1919 e il 1922), il famoso bartender Harry MacElhone.
Il Sidecar è un grande classico e fa parte della lista IBA dalla prima codifica del 1961.

BICCHIERE	TECNICA	GHIACCIO
Coppetta 180 ml	Shake	/

RICETTA IBA

50 ml Cognac
20 ml Triple sec
20 ml Succo di limone fresco

RICETTA CONSIGLIATA

50 ml Cognac Pierre Ferrand Ambré
20 ml Pierre Ferrand Dry Curaçao
20 ml Succo di limone fresco
5 ml Sciroppo di zucchero

Shakerate tutti gli ingredienti e filtrate in una coppetta ghiacciata.

NOTE E CONSIGLI

- *Consiglio di utilizzare un ottimo Triple sec a 40% vol.*
- *Il drink gioca su un bilanciamento in bilico tra la dolcezza del Triple sec e il succo di limone. Se lo ritenete, potete aggiungere 5-10 ml di sciroppo per ottenere un drink meno secco e più morbido.*
- *La struttura del Sidecar: distillato-Triple sec-limone, è la stessa del* ***MARGARITA*** *(pag. 140), IBA, del* ***WHITE LADY*** *(pag. 226), IBA, e del* ***KAMIKAZE****, non IBA, a base Vodka.*
- ***BEETWEEN THE SHEETS*** *(pag. 66), IBA, è un Sidecar con l'aggiunta di Rum.*
- ***ALABAZAM****, non IBA, è un Sidecar con l'aggiunta di sciroppo di zucchero e Bitters.*

SIDECAR

TENORE ALCOLICO
●●●○

SAPORE
Dolce, acido, limone, arancia e deciso

IBA – The unforgettables

Un sidecar a 2 ruote

Si è sempre pensato che il Singapore Sling fosse stato creato intorno al 1915 a Singapore, al *Long Bar* del Raffles Hotel, dal bartender Ngiam Tong Boon. La verità invece, come afferma lo storico David Wondrich, è che la miscela era nota a Singapore già fine del 1890 e conosciuta come *Gin Sling* o *Straits Sling* e il posto più famoso dove poterlo bere era al bar del magazzino John Little, il *Target*. Ne esistono diverse versioni, tra cui quella raccontata qui sopra del Raffles Hotel.
Fa parte della lista IBA dalla codifica del 1985.

BICCHIERE	TECNICA	GHIACCIO
Tumbler alto 370 ml	Shake	Blocco o Cubetti

RICETTA IBA

30 ml Gin
20 ml Liquore alla ciliegia
7,5 ml Cointreau
7,5 ml D.O.M. Bénédictine
120 ml Succo di ananas fresco
15 ml Succo di lime fresco
10 ml Granatina
Qualche goccia di Angostura Bitters

Decorazione: ananas e ciliegina

RICETTA CONSIGLIATA

30 ml Elephant London Dry Gin
20 ml Sangue Morlacco Luxardo Cherry Brandy
7,5 ml Gagliardo Triple sec Radicale
7,5 ml D.O.M. Bénédictine
60 ml Estratto di ananas fresco
15 ml Succo di lime fresco
10 ml Granatina
1 dash Angostura Bitters

Decorazione: ananas e ciliegina

Shakerate tutti gli ingredienti e filtrate nel bicchiere freddo pieno di ghiaccio. Infine, decorate.

NOTE E CONSIGLI

- *Per la granatina vedi pag. 29.*
- *La ricetta IBA indica 120 ml di succo di ananas, ma è una quantità eccessiva che farà lievitare la dose del drink rispetto allo standard dei tumbler di oggi (circa 370-390 ml).*

SINGAPORE SLING

IBA – Contemporary classics

TENORE ALCOLICO
●●●○

SAPORE
Dolce, acido, erbaceo, aromatico, ananas, ciliegia e morbido

Il cocktail di Singapore!

Vintage cocktail creato durante il proibizionismo, negli anni '20 al *21 Club* di Manhattan, New York, quando il club si trasformò in uno speakeasy conosciuto come *Jack and Charlie's*.
Il Southside è entrato a far parte della lista IBA con l'ultima codifica del 2020.

BICCHIERE	TECNICA	GHIACCIO
Coppetta 180 ml	Shake	/

RICETTA IBA

60 ml London Dry Gin
30 ml Succo di limone fresco
15 ml Sciroppo di zucchero
5-6 Foglie di menta
Qualche goccia di albume pastorizzato (opzionale)

Decorazione: menta

RICETTA CONSIGLIATA

60 ml Beefeater London Dry Gin
30 ml Succo di limone fresco
15 ml Sciroppo di zucchero
4-5 Foglie di menta

Decorazione: menta

Shakerate tutti gli ingredienti e filtrate in una coppetta ghiacciata. Infine, decorate con un ciuffo di menta.

NOTE E CONSIGLI

- *EAST SIDE, non IBA, prevede di pestare 2 rondelle di cetriolo prima di shakerare il drink.*
- *SOUTHSIDE ROYALE, non IBA, prevede di colmare la coppetta con Champagne.*
- *SOUTHSIDE FIZZ, non IBA, si costruisce come un Gin Fizz (pag. 110) con le foglie di menta.*

SOUTHSIDE

IBA – New era drinks

TENORE ALCOLICO
●●●○

SAPORE
Dolce, acido, limone, menta, fresco ed elegante

Un cocktail illegale

Lo Spritz nasce dall'usanza delle truppe austriache di stanza in Veneto tra le fine del 1700 e l'inizio del 1800 di spruzzare (da qui *spriss*) i vini bianchi locali con acqua gassata. Il cocktail come lo conosciamo oggi si è poi evoluto negli anni '20, macchiando la miscela con del Bitter.
Fortemente ancorato nelle tradizioni venete, è l'aperitivo più diffuso in tutta Italia e rappresenta sempre di più un successo globale: facile da preparare, da bere, dal contenuto alcolico molto basso che lo rende adatto a tutti, dolce e amaricante allo stesso tempo.
Fa parte della lista IBA dalla codifica del 2011, quando fu inserito col nome di *Spritz Veneziano*.

BICCHIERE	**TECNICA**	**GHIACCIO**
Tumbler basso 350 ml	Build	Blocco o Cubetti

RICETTA IBA	**RICETTA CONSIGLIATA**
60 ml Aperol	50 ml Select Bitter Aperitivo
90 ml Prosecco	100 ml Borgoluce Prosecco
Splash Soda	
Decorazione: fetta di arancia	Twist Arancia

Versate gli ingredienti nel bicchiere freddo colmo di ghiaccio e mescolate. Sprizzate il twist di arancia e lasciatelo cadere nel bicchiere.

NOTE E CONSIGLI

- *Tra i Bitter aperitivi, trovo Select particolarmente interessante: 17,5% vol. e un sapore molto aromatico.*
- *Preferisco servirlo in un tumbler basso, ma anche un calice, come tra l'altro indica IBA, va benissimo.*
- *Non sono solito utilizzare la soda perché considero l'acqua la diluizione del ghiaccio, ma è solo il mio modo di intendere il drink.*
- *Le varianti famose e indicate anche da IBA sono con Cynar (*CYNAR SPRITZ*) o con Campari (*CAMPARI SPRITZ*) al posto del Bitter aperitivo.*

SPRITZ

IBA – New era drinks

TENORE ALCOLICO
●●○○

SAPORE
Dolce, amaricante, Prosecco, profumo di arancia, fresco e frizzante

L'aperitivo per tutti

È un cocktail pre-proibizionista che sembra possa essere stato creato a New York dal miliardario americano Reginald Vanderbilt, padre della stilista Gloria Vanderbilt, nel suo bar di casa. Il drink comparve poi in diversi libri e ricettari dei primi del 1900. Fa parte della lista IBA dalla prima codifica del 1961.

	BICCHIERE	TECNICA	GHIACCIO
	Coppetta 180 ml	Shake	/

RICETTA IBA	RICETTA CONSIGLIATA
50 ml Cognac 20 ml Crema di menta bianca Decorazione: menta	60 ml Camus VSOP Cognac 20 ml Tempus Fugit Crème de Menthe

Shakerate tutti gli ingredienti e filtrate in una coppetta ghiacciata.

NOTE E CONSIGLI

- *Se per i vostri gusti ritenete che il drink sia troppo secco, potete aggiungere 5 ml di sciroppo di zucchero.*
- *Potete anche servirlo filtrato in un tumbler basso pieno di ghiaccio, che vi trasmetterà più freschezze e che con la sua diluizione farà diventare piano piano il drink meno potente. Questa modalità era molto diffusa negli anni '50 negli Stati Uniti.*

STINGER

TENORE ALCOLICO
●●●●

SAPORE
Dolce, Cognac,
menta e deciso

IBA – The unforgettables

Ottimo dopo pasto

Drink Tiki che fu inventato da Joe Scialom allo *Shepheard's Hotel* a El Cairo, in Egitto, nel 1942, per i militari che si lamentavano degli alcolici di pessima qualità e dei postumi dell'ubriachezza. La parola *suffering* (sofferenza) si riferisce proprio a questo. Per un periodo di tempo il drink fu chiamato *Suffering Bar Steward*, ritendendo la parola *bastard* offensiva.
Esiste una anche una versione diversa di Trader Vic, presente in un suo libro del 1946, ma quella di Scialom è oggi quella più diffusa.
Il drink fa parte della lista IBA dall'ultima codifica del 2020, sottolineando sempre di più l'interesse e l'apertura verso la miscelazione Tiki.

BICCHIERE	TECNICA	GHIACCIO
Tumbler alto 370 ml	Shake	Blocco o Cubetti

RICETTA IBA

30 ml Cognac o Brandy
30 ml Gin
15 ml Succo di lime fresco
2 gocce Angostura Bitters
A completare Ginger beer

Decorazione: menta e fetta d'arancia

RICETTA CONSIGLIATA

30 ml Mazzetti Brandy 12 anni
30 ml Mazzetti London Dry Gin
15 ml Succo di lime fresco
10 ml Sciroppo di lime
1 dash Angostura Bitters
A completare Fever Tree Ginger beer

Decorazione: menta e fetta d'arancia

Shakerate tutti gli ingredienti tranne la soda e filtrate nel bicchiere freddo pieno di ghiaccio. Ora, aggiungete la Ginger beer ben fredda e decorate.

NOTE E CONSIGLI

- *Io aggiungo anche 10 ml di sciroppo di lime (pag. 30) per esaltare quel sapore.*
- *DYING BASTARD, non IBA, con l'aggiunta di Bourbon.*
- *DEAD BASTARD, non IBA, con l'aggiunta di Bourbon e Rum.*
- *Solo nella versione di Trader Vic, il drink avrebbe una sua iconica mug dedicata chiamata "Mai Tai Joe", dalla forma di una grossa faccia coi postumi di una sbornia, che seduta pone le mani sulla fronte dolorante. Nella versione di Scialom il bicchiere di servizio è invece un tumbler basso o alto.*
- *La versione di Trader Vic invece, è fondamentalmente un MAI TAI (pag. 136) con un extra 30 ml di Rum giamaicano.*

SUFFERING BASTARD

IBA – New era drinks

TENORE ALCOLICO
●●○○

SAPORE
Dolce, acido, Brandy, aromatico, zenzero, fresco e frizzante

Il drink bastardo

La prima ricetta di Tequila Sunrise che conosciamo è nel libro del 1946 *The Roving Bartender* di Bill Kelly, composta da Tequila, limone, zucchero, soda e Crème de cassis. Il long drink che invece oggi conosciamo è stato creato nel 1969 dal bartender Bobby Lozoff, al *Trident* di Sausalito in California.
Sunrise si rifà al colore del drink, dove l'effetto della granatina rossa che scende sfumando il succo di arancia richiama l'alba.
Dopo che Mick Jagger lo beve per la prima volta, proprio al *Trident*, nel 1972, gli piacque talmente tanto che portò Lozoff in tour coi Rolling Stone; mentre è del 1973 la canzone *Tequila Sunrise* degli Eagles.
Fa parte della lista IBA dalla codifica del 1985.

BICCHIERE	TECNICA	GHIACCIO
Tumbler alto 370 ml	Build	Blocco o Cubetti

RICETTA IBA

45 ml Tequila
90 ml Spremuta di arancia
15 ml Granatina

Decorazione: fetta o twist di arancia

RICETTA CONSIGLIATA

45 ml Ocho Tequila Blanco 100% agave
90 ml Spremuta di arancia
15 ml Granatina

Decorazione: fetta di arancia

Versate prima il tequila e la spremuta direttamente nel bicchiere freddo pieno di ghiaccio e miscelate delicatamente. Versate in cima la granatina, che scendendo creerà l'effetto alba. Infine, decorate con una fetta di arancia.

NOTE E CONSIGLI

- *Per la granatina vedi pag. 29.*

TEQUILA SUNRISE

IBA – Contemporary classics

TENORE ALCOLICO
●●○○

SAPORE
Dolce, acido, arancia, melagrana e fresco

Rosso come l'alba

La ricetta compare per la prima volta nel libro di Hugo Enslinn *Recipes for Mixed Drinks* del 1916. Il nome si ispira alla città irlandese come il Whiskey alla base del drink.
È anche conosciuto *Tipperary n.1*: compare infatti in questo modo nel famoso libro di Harry Craddock *The Savoy Cocktail Book* del 1930, dove è anche presente il *Tipperary n.2*, molto diverso.
Fa parte della lista IBA dall'ultima codifica del 2020.

BICCHIERE	TECNICA	GHIACCIO
Coppetta 180 ml	Stir	/

RICETTA IBA	RICETTA CONSIGLIATA
50 ml Irish Whiskey 25 ml Vermouth dolce rosso 15 ml Chartreuse verde 2 gocce Angostura Bitters	50 ml Tullamore Dew Irish Whiskey 25 ml Dolin Rouge Vermouth de Chambéry 15 ml Chartreuse verde 2 dashes Angostura Bitters
Twist Arancia	Twist Arancia

Versate tutti gli ingredienti in un mixing glass ben freddo, stirrate con ghiaccio a cubetti e filtrate in una coppetta ghiacciata. Infine, sprizzate il twist di arancia.

NOTE E CONSIGLI

- *Il* **TIPPERARY n.2**, *non IBA, è completamente diverso: 50 ml Gin - 15 ml Vermouth Dry, 30 ml di spremuta di arancia - 10 ml granatina - foglie di menta, shakerato e filtrato in coppetta.*

TIPPERARY

IBA – New era drinks

TENORE ALCOLICO
●●●●

SAPORE
Dolce, abboccato, erbaceo, aromatico, cereali, profumo di arancia e potente

Un erbaceo Manhattan irlandese

Il più famoso twist sul *Margarita (pag. 140)* diventato a tutti gli effetti un classico contemporaneo.
Viene creato da Julio Bermejo al suo *Tommy's Mexican Restaurant* a San Francisco intorno al 1987-88 e da lì il suo successo fu immediato.
Il *Tommy's Restaurant* presenta una delle selezioni di Tequila 100% agave più importanti degli Stati Uniti e del mondo e nel 2003 Bermejo è stato nominato ambasciatore del Tequila per gli Stati Uniti.
Il drink fa parte della lista IBA dalla codifica del 2011.

BICCHIERE	TECNICA	GHIACCIO
Tumbler basso 350 ml	Shake	Blocco o Cubetti

RICETTA IBA	RICETTA CONSIGLIATA
60 ml Tequila 100% Agave Reposado	60 ml Herradura Reposado Tequila 100% Agave
30 ml Succo di lime fresco	30 ml Succo di lime fresco
30 ml Sciroppo di agave	30 ml Sciroppo di agave Herradura
Decorazione: spicchio di lime	Decorazione: spicchio di lime

Shakerate tutti gli ingredienti e filtrate nel bicchiere freddo pieno di ghiaccio. Infine, decorate con uno spicchio di lime.

NOTE E CONSIGLI

- *Al Tommy's, più drink vengano preparati in modo curioso: shakerati nella campana di un blender, un po' come il gallone sta al mixing glass.*

TOMMY'S MARGARITA

IBA – New era drinks

TENORE ALCOLICO

●●●○

SAPORE
Dolce, acido, lime, agave e soave

IL twist sul Margarita!

In principio fu il *Trininad Especial*, il cocktail col quale il barman italiano Valentino Bolognese vinse *L'Angostura European Competion* nel 2008 a Parigi, contenente una dose fuori dal comune di Angostura Bitters: 40 ml.
Ispirandosi al drink di Bolognese, il *Trinidad Sour* è stato creato dal bartender Giuseppe Gonzales a New York, nel 2009, mentre lavorava al *Clover Club* di Brooklin.
Entrambi i drink si ispirano al paese di origine del Bitters.
Fa parte della lista IBA dall'ultima codifica del 2020.

BICCHIERE	TECNICA	GHIACCIO
Coppetta 180 ml	Shake	/

RICETTA IBA	RICETTA CONSIGLIATA
45 ml Angostura Bitters	45 ml Angostura Bitters
15 ml Rye Whiskey	15 ml Mitcher's Rye Whiskey
30 ml Orzata	30 ml Orzata
22,5 ml Succo di limone fresco	15 ml Succo di limone fresco
	Twist Limone

Shakerate tutti gli ingredienti e filtrate nella coppetta ghiacciata. Infine, sprizzate il twist di limone.

NOTE E CONSIGLI

- *Per la preparazione dell'orzata vedi pag. 29.*
- *Preferisco aggiungere un twist di limone per rendere il drink più fresco e profumato.*
- *Per la ricetta del* **TRINIDAD ESPECIAL**, *non IBA: 40 ml Angostura - 20 ml Pisco mosto verde - 30 ml Orzata - 40 ml succo di lime fresco, shakerato e filtrato in coppetta.*

TRINIDAD SOUR

TENORE ALCOLICO
●●●○

SAPORE
Dolce, acido, cereali, mandorla, profumo di limone e molto aromatico

IBA – New era drinks

Hai detto 45 ml di Angostura?

Il Tuxedo compare per la prima volta nel libro di Harry Johnson *Bartenders Manual* nell'edizione del 1900 (la prima è del 1888). Potremmo descriverlo come un *Dry Martini* (pag. 98) addomesticato, con delle note dolci e aromatiche, probabilmente per mascherare le qualità non perfette dei prodotti dell'epoca.
Esiste in diverse varianti che possiamo trovare in ricettari per barman nella prima metà del 1900, tra cui il *Tuxedo n.1* e il *Tuxedo n.2* nel libro di Harry Craddok *The Savoy Cocktail Book* del 1930.
Fa parte della lista IBA dalla codifica del 2011.

BICCHIERE	TECNICA	GHIACCIO
Coppetta 110 ml	Stir	/

RICETTA IBA	RICETTA CONSIGLIATA
30 ml Old Tom Gin	50 ml Tanqueray Old Tom Gin
30 ml Vermouth Dry	15 ml Dolin Dry Vermouth de Chambéry
½ bar spoon Liquore Maraschino	5 ml Luxardo Maraschino
¼ bar spoon Assenzio	2 gocce Duplais Verthe Absinthe
3 dashes Orange Bitters	1 dash Angostura Orange Bitters
Twist Arancia Decorazione: ciliegina	Twist Limone

Versate tutti gli ingredienti in un mixing glass ben freddo, stirrate con ghiaccio a cubetti e filtrate in una coppetta ghiacciata. Infine, sprizzate il twist di limone.

NOTE E CONSIGLI

- *TUXEDO n.1, non IBA, senza Maraschino e Orange Bitters.*
- *TUXEDO n.2, non IBA, come il Tuxedo originale, ma a base London Dry Gin.*
- *TUXEDO n.3, non IBA, con una parte di Sherry fino a tagliare il Vermouth dry.*
- *TUXEDO n.4, non IBA, composto da London Dry Gin-Sherry fino-Orange Bitters.*
- *FORD, non IBA, senza Maraschino e con 20 ml di D.O.M. Bénédictine al posto dell'Assenzio.*

TUXEDO

IBA – The unforgettables

TENORE ALCOLICO
●●●○

SAPORE
Dolce, secco, erbaceo, ciliegie marasche, arancia e profumo di limone

Un Dry Martini addomesticato

VE.N.TO nasce dalla volontà di creare il primo drink a base Grappa della lista IBA, per questo motivo i vertici di IBA, tra cui Giorgio Fadda, hanno collaborato con lo staff di *Grappa Revolution* in capo a Leonardo Pinto. Oggi la Grappa rappresenta un distillato sempre più versatile e adatto anche in miscelazione.
Il nome VE.N.TO significa, come mi ha spiegato Samuele Ambrosi, dal quale insieme a Leonardo Veronesi proviene la ricetta, un riferimento alle regioni dove la Grappa ha le radici e si è evoluta: Veneto, Trentino e Friuli-Venezia Giulia.
Fa parte della lista IBA dall'ultima codifica del 2020.

BICCHIERE	TECNICA	GHIACCIO
Coppetta 180 ml	Shake	/

RICETTA IBA

45 ml Grappa bianca
22,5 ml Succo di limone fresco
15 ml Honey mix
15 ml Sciroppo di camomilla
10 ml Albume pastorizzato (opzionale)

Twist Limone
Decorazione: chicchi d'uva

RICETTA CONSIGLIATA

45 ml Mazzetti D'Altavilla Grappa di Ruché
25 ml Succo di limone fresco
15 ml Honey mix
15 ml Sciroppo di camomilla
10 ml Albume pastorizzato

Twist Limone
Decorazione: chicchi d'uva

Versate tutti gli ingredienti in un Boston. Dopo avere effettuato una Dry Shake o montato gli ingredienti con un aerolatte, shakerate con ghiaccio e filtrate tutto in una coppetta ghiacciata. Infine, sprizzate il twist di limone e decorate coi chicchi d'uva.

NOTE E CONSIGLI

- *Per la preparazione dell'honey mix vedi pag. 29.*
- *Per la preparazione dello sciroppo di camomilla vedi pag. 30.*
- *Variando la ricetta originale del drink, potete provare a utilizzare anche una grappa barricata: o sostituendola completamente a quella bianca o tagliandola, ad es.: 25 ml Grappa bianca e 20 ml Grappa barricata. In questi casi otterrete un risultato ancora più morbido.*

VE.N.TO

TENORE ALCOLICO
●●●○

SAPORE
Dolce, acido, camomilla, Grappa, profumo di limone e morbido

IBA – New era drinks

Il primo IBA a base Grappa!

James Bond: *"Un Dry Martini"* Barman: *"Oui, monsieur"*. James Bond: *"Aspetti... tre parti di Gordon, una di Vodka, mezza di Kina Lillet, agitato con ghiaccio, e aggiunga una sottile scorza di limone"*.
James Bond: *"Sai... penso che lo chiamerò Vesper"*. Vesper Lynd: *"Per via del retrogusto un po' amaro?"* James Bond: *"No, perché una volta che lo hai assaggiato, non puoi più bere altro"*.
Con queste parole dello 007 James Bond nasce il Vesper nel romanzo di Ian Fleming *Casino Royale*, il famoso Martini agitatato (shakerato) e non mescolato.
Pare che Ian Fleming sia stato ispirato dalle numerose visite al *Duke's Bar* di Londra, rinomato per i Martini.
Fa parte della lista IBA dalla codifica del 2011.

BICCHIERE	TECNICA	GHIACCIO
Coppetta 110 ml	Shake	/

RICETTA IBA	RICETTA CONSIGLIATA
45 ml Gin	45 ml Tanqueray London Dry Gin
15 ml Vodka	15 ml Ketel One Vodka
7,5 ml Lillet Blanc	10 ml Kina L'Aero D'Or
Twist Limone	Twist Limone

Shakerate tutti gli ingredienti e filtrate nella coppetta ghiacciata. Infine, sprizzate il twist di limone.

NOTE E CONSIGLI

- *Utilizzate una coppetta piccola da 110 ml circa, non una coppetta standard più grande dove il drink potrebbe perdersi.*
- *Il vino aromatizzato alla china Kina Lillet, oggi non più in produzione, è stato sostituito da molti con il Lillet Blanc, che però non è la stessa cosa non essendoci la china. Oggi, il prodotto più indicato e simile al Kina Lillet è il vino aromatizzato Kina L'Aero D'Or.*

VESPER

IBA – *Contemporary classics*

TENORE ALCOLICO

●●●●

SAPORE

Dolce, secco, china, aromatico, profumo di limone e deciso

Agitato e non mescolato!

Il vecchio quartiere francese di New Orleans è noto come *Vieux Carrè*, che significa la *vecchia piazza*.
Il drink è stato inventato negli anni '30 da Walter Bergeron, capo barman del bar dell'*Hotel Monteleone* nel quartiere francese della città, dove oggi ogni anno viene organizzata un'importante manifestazione per bartender provenienti da tutto il mondo: *Tales of Cocktail*.
Fa parte della lista IBA dall'ultima codifica del 2020.

BICCHIERE	TECNICA	GHIACCIO
Tumbler basso 350 ml	Stir	Blocco o Cubetti

RICETTA IBA

30 ml Rye Whiskey
30 ml Cognac
30 ml Vermouth dolce
1 bar spoon D.O.M. Bénédictine
3 dashes Peychaud's Bitters

Twist Arancia
Decorazione: ciliegina

RICETTA CONSIGLIATA

30 ml Dad's Hat Rye Whiskey
30 ml Hine Fine Champagne VSOP Cognac
30 ml Cocchi Storico Vermouth di Torino
5 ml D.O.M. Bénédictine
1 dashes Peychaud's Bitters
1 dashes Angostura Bitters

Twist Arancia
Decorazione: ciliegina

Versate tutti gli ingredienti in un mixing glass ghiacciato, stirrate con ghiaccio a cubetti e filtrate in un tumbler basso freddo e colmo di ghiaccio .
Infine, sprizzate il twist di limone e decorate con la ciliegia al maraschino.

NOTE E CONSIGLI

- *IBA indica di filtrarlo in coppetta anche se molti (tra cui io) lo filtrano on the rocks in un tumbler basso pieno di ghiaccio, come indicato nella preparazione. È corretto in entrambi i casi.*
- *È simile a **SAZERAC**, drink IBA, pag. 188.*

VIEUX CARRÉ

TENORE ALCOLICO
●●●●

SAPORE
Dolce, abboccato, erbaceo, aromatico, cereali, profumo di arancia e potente

IBA – The unforgettables

Il vecchio quartiere francese!

I *Sour* tradizionali sono composti da una base alcolica, succo di agrumi, zucchero e albume d'uovo.
Fanno parte della storia americana sin dalla metà del 1800, in particolare il *Brandy Sour*, mentre il Whiskey Sour è quello che resiste al Proibizionismo americano degli anni '20 e che rappresenta ancora oggi il Sour più famoso.
L'aggiunta dell'albume d'uovo in realtà è indicata per la prima volta nel libro di Robert Vermiere *Cocktails: How To Mix Them* del 1922 e dona cremosità e morbidezza.
La giornata nazionale del Whiskey Sour è il 25 agosto.
Fa parte della lista IBA dalla codifica del 1985.

BICCHIERE	TECNICA	GHIACCIO
Coppetta 180 ml	Shake	/

RICETTA IBA	RICETTA CONSIGLIATA
45 ml Bourbon Whiskey 25 ml Succo di limone fresco 20 ml Sciroppo di zucchero 20 ml Albume pastorizzato (opzionale)	50 ml Buffalo Trace Bourbon Whiskey 30 ml Succo di limone fresco 20 ml Sciroppo di zucchero 10 ml Albume pastorizzato
Decorazione: fetta di arancia e ciliegina o twist di arancia	Twist Arancia

Versate tutti gli ingredienti in un Boston. Dopo avere effettuato una Dry Shake o montato gli ingredienti con un aerolatte, shakerate con ghiaccio e filtrate tutto in una coppetta ghiacciata. Infine, sprizzate il twist di arancia.

NOTE E CONSIGLI

- *L'albume d'uovo, rigorosamente pastorizzato, dona una texture morbida e setosa. Non superate i 10 ml, rischiate che la schiuma sia troppa e di coprire il drink. L'alternativa vegana è l'aquafaba, l'acqua di governo dei ceci.*
- *Può essere servito anche on the rocks in un tumbler basso su ghiaccio.*
- *AMARETTO SOUR, non IBA, tagliando (o sostituendo) il Whiskey con liquore all'amaretto.*
- *AMARO SOUR, non IBA, tagliando (o sostituendo) il Whiskey con un amaro.*
- *GIN SOUR, non IBA, a base Gin.*
- *VODKA SOUR non IBA, a base Vodka.*
- *PISCO SOUR, IBA, a base Pisco* *(pag. 176)**.*

WHISKEY SOUR

IBA – The unforgettables

TENORE ALCOLICO
●●●○

SAPORE
Dolce, acido, limone, cereali, morbido e profumo di arancia

Sembra che il primo White Lady sia di Harry MacElhone, quando al *Ciro's Club* di Londra, nel 1919, miscelò in parti uguali crema di menta-Triple sec-succo di limone. La paternità invece della ricetta del White Lady, come la conosciamo oggi, è contesa sempre tra Harry MacElhone, quando nel 1929 lavorava all'Harry's *New York Bar* di Parigi e Harry Craddock, la cui ricetta è presente nel suo libro del 1930 *The Savoy Cocktail Book.*
Fa parte della lista IBA dalla prima codifica del 1961.

BICCHIERE	TECNICA	GHIACCIO
Coppetta 180 ml	Shake	/

RICETTA IBA	RICETTA CONSIGLIATA
40 ml Gin	50 ml Mazzetti London Dry Gin
30 ml Triple sec	30 ml Aurum
20 ml Succo di limone fresco	20 ml Succo di limone fresco

Shakerate tutti gli ingredienti e filtrate in una coppetta ghiacciata.

NOTE E CONSIGLI

- *Diversi bartender aggiungono sciroppo di zucchero e/o albume pastorizzato.*
- *Una piccola dose di zucchero, 5-10 ml, può aiutare a rendere il drink meno acido.*
- *10 ml di albume pastorizzato possono donare una texture più morbida e setosa.*
- *Il drink ha la stessa struttura distillato-Triple sec-limone di* ***MARGARITA*** *(pag. 140) e* ***SIDECAR*** *(pag. 194).*
- ***PERFECT LADY,*** *non IBA: 45 ml Gin-15 ml liquore di pesca-30 ml succo di limone-20 ml sciroppo di zucchero-10 ml albume pastorizzato, shakerato e filtrato in coppetta.*

WHITE LADY

IBA – The unforgettables

TENORE ALCOLICO
●●●○

SAPORE
Dolce, acido, secco, aromatico, limone, arancia e deciso

La signora bianca!

L'origine di questo cocktail è ignota. Si pensa che il nome sia riferito alla canzone Haitiana *Choucoune* quando negli anni '50 venne riscritta in inglese col nome *Yellow Bird*. Nel 1961 una versione cantata dal cantante Hawaiano Arthur Lyman raggiunse la 4ª posizione nella rivista musicale americana *Billboard*. Qualcuno afferma che la canzone venisse regolarmente eseguita allo *Shell Bar* dell'Hilton Hotel Village a Waikiki Beach e da lì la creazione del cocktail.
Altri sostengono che il nome derivi invece dal colore giallo che dà il liquore Galliano. Fa parte della lista IBA dalla codifica del 2011.

BICCHIERE	TECNICA	GHIACCIO
Coppetta 180 ml	Shake	/

RICETTA IBA

30 ml Rum Bianco
15 ml Galliano
15 ml Triple sec
15 ml Succo di lime fresco

RICETTA CONSIGLIATA

40 ml Flor De Caña 4 Extra Seco Ron
10 ml Galliano L'Autentico
10 ml Gagliardo Triple sec Radicale
30 ml Succo di lime fresco
5 ml Sciroppo di zucchero

Shakerate tutti gli ingredienti e filtrate in una coppetta ghiacciata.

NOTE E CONSIGLI

- *Preferisco aggiungere anche una piccola parte di sciroppo di zucchero.*
- *Esiste anche versione long drink: 20 ml Rum chiaro - 20 ml Rum scuro - 10 ml Galliano - 10 ml liquore di banana - 25 ml spremuta di arancia - 25 ml estratto di ananas - 20 ml succo di lime, shakerato e filtrato in un tumbler alto colmo di ghiaccio.*

YELLOW BIRD

TENORE ALCOLICO
●●●○

SAPORE
Dolce, acido, lime, arancia ed erbaceo

IBA – New era drinks

Un canarino giallo

Insieme al Mai Tai (pag. 136) è l'altra icona della miscelazione Tiki, il cui interesse è tornato a metà degli anni '90 con la pubblicazione del libro *The Book Of Tiki* di Sven Kirsten e coi libri di Beachbum Berry.
Un ripatore di sogni infranti, così definiva lo Zombie il suo creatore Don The Beachcomber (all'anagrafe Ernest Raymond Beamount Gantt), che inventò la formula del 1934 nel suo omonimo polinesyan restaurant a Hollywood.
Le bottiglie erano etichettate con dei numeri, le sue preparazioni criptate con dei codici e nemmeno il personale sapeva esattamente cosa stesse mischiando.
Tutti volevano uno Zombie, ma solo un uomo sapeva come crearne uno vero. La reputazione dello Zombie era di un drink molto alcolico (equivalente a 5 drink di oggi) e la leggenda vuole che non se ne potessero servire più di due.
Lo Zombie fa parte della lista IBA dall'ultima codifica del 2020.

BICCHIERE	TECNICA	GHIACCIO
Tumbler alto 270 ml	Flash Blend	/

RICETTA IBA

- 45 ml Rum scuro giamaicano
- 45 ml Rum ambrato portoricano
- 30 ml Rum Demerara
- 20 ml Succo di lime fresco
- 15 ml Falernum
- 15 ml Don's Mix
- 1 bar spoon Granatina
- Qualche goccia di Angostura Bitters
- 6 gocce Pernod
- 170 g Ghiaccio tritato

Decorazione: menta

RICETTA CONSIGLIATA

- 30 ml Plantation O.F.T.D. Overproof Rum
- 45 ml Santa Teresa 1796 Solera Rum
- 45 ml El Dorado 12 Demerara Rum
- 20 ml Succo di lime fresco
- 15 ml Falernum
- 15 ml Don's Mix
- 10 ml Granatina
- 2 dashes Angostura Bitters
- 6 gocce Varnelli L'Anice Secco Speciale
- 3/4 cup Ghiaccio tritato

Decorazione: menta

Frullate tutti gli ingredienti per circa 10 secondi. Servite nel bicchiere freddo e decorate con un ciuffo di menta.

NOTE E CONSIGLI

- *Per il Falernum vedi pag. 28.*
- *Per la granatina vedi pag. 29.*
- *Per il Don's Mix vedi pag. 28.*
- *Esiste anche una versione di Trader Vic, ma la ricetta originale è considerata quella di Donn.*

ZOMBIE

IBA – Contemporary classics

TENORE ALCOLICO
●●●●

SAPORE
Dolce, acido, agrumi, speziato, anice e potente

Non più di due!

PARTE 2

I grandi esclusi

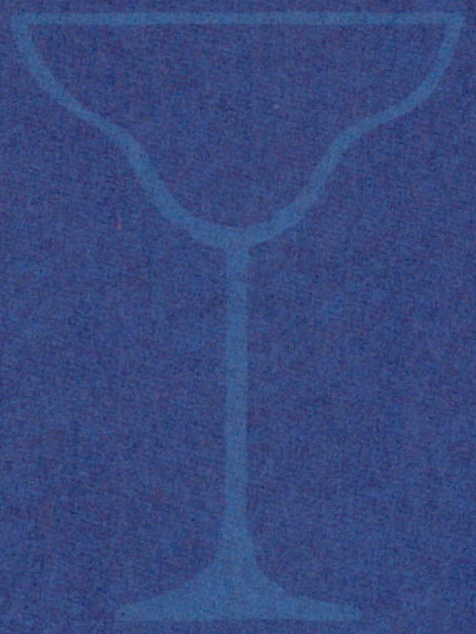

Acapulco è una variazione sul *Daiquiri* (pag. 94) molto semplice ed efficace, il cui sapore è arricchito dalla presenza dell'arancia col Triple sec e reso morbido dall'albume d'uovo. È conosciuto anche come *Acapulco Daiquiri*.
Il drink è una creazione di Charles Schumann, icona del bar contemporaneo, proprietario dal 1982 dello *Schumann's American Bar* a Monaco e autore di bestseller come *Schumann's Barbuch* la cui prima edizione del 1984, *Tropical Bar* Book *nel* 1989 e *American Bar* la cui prima pubblicazione nel 1991.
In questa selezione non poteva mancare una sua creazione.

BICCHIERE	TECNICA	GHIACCIO
Coppetta 180 ml	Shake	/

RICETTA DI SCHUMANN	RICETTA CONSIGLIATA
45 ml Rum chiaro cubano	45 ml Havana Club 3 Años Ron
10 ml Triple sec	10 ml Aurum
25 ml Succo di lime fresco	25 ml Succo di lime fresco
15 ml Sciroppo di zucchero	15 ml Sciroppo di lime
10 ml Albume pastorizzato	10 ml Albume pastorizzato

Versate tutti gli ingredienti in un Boston. Dopo avere effettuato una Dry Shake o montato gli ingredienti con un aerolatte, shakerate con ghiaccio e filtrate tutto in una coppetta ghiacciata.

NOTE E CONSIGLI

- *Potete provare a utilizzare lo sciroppo di lime (pag. 30) al posto di quello di zucchero semplice per un risultato ancora più ricco.*

ACAPULCO

TENORE ALCOLICO
●●●○

SAPORE
Dolce, acido, lime, arancia e morbido

Germania – Anni '80

Schumann!

Ottimo drink quanto il suo impronunciabile nome.
Il suo equilibrio è caratterizzato sia dalla nota di malto del Genever che rimane netto nonostante i tanti ingredienti, sia dalla sua morbidezza.
Questo cocktail è diventato famoso quando compare sul libro *Vintage Spirits and Forgotten Cocktails* del 2004 a cura di *Mr. Cocktail* Ted Haig, una raccolta superlativa di classici dimenticati.
Il drink compare per la prima volta nel libro di Charles H. Baker *The Gentleman's Companion: Around the World with Jigger, Beaker and Flask* del 1939.
Alamagoozlum è una parola senza senso tipo *Abracadabra* e già citata in alcuni giornali americani nel 1870.

BICCHIERE	TECNICA	GHIACCIO
Coppetta 180 ml	Shake	/

RICETTA

20 ml Notaris Schiedam Bartenders Choice Genever
15 ml Myers's Original Dark Jamaican Rum
15 ml Chartreuse gialla
15 ml Cointreau
10 ml Sciroppo di zucchero
10 ml Albume pastorizzato
2 dashes Angostura Bitters

Twist Limone

Versate tutti gli ingredienti in un Boston. Dopo avere effettuato una Dry Shake o montato gli ingredienti con un aerolatte, shakerate con ghiaccio e filtrate tutto in una coppetta ghiacciata. Infine, sprizzate il twist di limone.

NOTE E CONSIGLI

- *Non toccatelo, è perfetto così!*

ALAMAGOOZLUM

TENORE ALCOLICO
●●●●

SAPORE
Dolce, malto, erbaceo, arancia, aromatico, profumo di limone e morbido

Usa – Vintage

Un drink impronunciabile!

"Per quanto ci è dato sapere, questa pozione non costituisce l'alimentazione di base degli eschimesi, ma fu probabilmente inventata nella Carolina del Sud". Con questa frase Harry Craddock, nel suo *The Savoy Cocktail Book* del 1930 descrive il cocktail Alaska. La prima ricetta del cocktail compare nel libro di Jacques Straub, *Drinks*, del 1914, ma probabilmente il drink è antecedente.
È un drink vintage potente e con molta personalità, dove il Gin prende una direzione erbacea con lo Chartreuse e ancor più aromatica con il Bitters all'arancia.

BICCHIERE	TECNICA	GHIACCIO
Coppetta 180 ml	Shake	/

RICETTA

60 ml Fifty Pounds London Dry Gin
20 ml Chartreuse gialla
2 dashes Angostura Orange Bitters

Twist Limone

Shakerate tutti gli ingredienti e filtrate in una coppetta ghiacciata. Infine, sprizzate il twist di limone.

NOTE E CONSIGLI

- *Per quanto in alcune ricette lo troverete preparato con tecnica Stir, consiglio di shakerarlo. In questo caso, facendo diventare il drink ghiacciato, ne smorzerete la potenza.*
- *Un twist di limone, non presente in tutti le versioni che potrete trovare, aggiunge un tocco di freschezza.*
- *Le due versioni di Straub e Craddok sono in realtà molto diverse. Il drink di Straub è a base Old Tom Gin e vi troviamo Orange Bitters; Craddock invece utilizza un London Dry Gin e nessun Bitters. Il drink di Straub è più dolce e aromatico, quello di Craddock più secco e meno aromatico. Io, come molti, preferisco utilizzare sia un London Dry Gin che l'Orange Bitters.*

ALASKA

TENORE ALCOLICO
●●●●

SAPORE
Dolce, arancia, erbaceo, aromatico e profumo di limone

USA – Vintage

Non è il cocktail degli eschimesi

Il Banana Daiquiri è opera di Mariano Licudine, che inventò il drink nel 1971 al *Mai-Kai Restaurant* a Fort Lauderdale, Florida.
Licudine è stato uno dei leggendari *filipino mixologisist* che negli anni '30 hanno lavorato accanto a Don The Beachcomber che ha dato vita al Tiki e successivamente storico barman del Mai-Kai, uno dei ristoranti più iconici legati a questo tipo di atmosfere e miscelazione.
Il drink, se correttamente eseguito, è una meraviglia.

BICCHIERE	**TECNICA**	**GHIACCIO**
Coppetta 220 ml	Blend	/

RICETTA

45 ml El Dorado 12 Demerara Rum
20 ml Succo di lime fresco
20 ml Sciroppo di zucchero
½ Banana matura
½ cup di ghiaccio tritato

Frullate tutti gli ingredienti per 10-15 secondi o comunque fino ad ottenere un crema. Servite in una coppa ghiacciata.

NOTE E CONSIGLI

- *Il drink NON deve avere la consistenza di una granita ghiacciata (frozen) ma deve essere una crema. Per questo motivo è molto importante che utilizziate la quantità di ghiaccio indicata, che potete misurare con degli appositi cucchiai graduati in cup. Non chiamatelo Daiquiri frozen alla banana.*
- *Io sono solito utilizzare un Rum Demerara, ma potete utilizzare anche dei Rum chiari in stile spagnolo per delle note meno dolci o dei Rum giamaicani per delle note dolci e secche allo stesso tempo.*
- *Alcune ricette riportano anche l'utilizzo di liquore di banana, che invece sconsiglio lasciando il sapore banana il più naturale possibile.*

BANANA DAIQUIRI

Tiki - 1971

TENORE ALCOLICO

●●○○

SAPORE
Dolce, acido, banana e cremoso

Meraviglia

Il cocktail più conosciuto di Salvatore Calabrese, bartender e consulente famoso in tutto il mondo, creato nel 1996 al *Library Bar* del Lenesborough Hotel a Londra. Oggi il Breakfast Martini è considerato da tutti un modern classic di riferimento con l'utilizzo della marmellata in miscelazione.
Calabrese è anche autore del prestigioso libro *Classic Cocktails*, la cui prima edizione è del 1997.

BICCHIERE	TECNICA	GHIACCIO
Coppetta 180 ml	Shake	/

RICETTA DI CALABRESE

50 ml London Dry Gin
15 ml Cointreau
15 ml Succo di limone fresco
1 cucchiaino Marmellata di arance

Twist Arancia
Decorazione: filamenti di scorza di arancia

RICETTA ALTERNATIVA

45 ml Fifty Pounds London Dry Gin
20 ml Cointreau
30 ml Succo di limone fresco
1-2 bar spoon Marmellata di arance

Twist Arancia
Decorazione: toast con marmellata

Mettete tutti gli ingredienti nello shaker e sciogliete la marmellata. Ora aggiungete il ghiaccio, shakerate e filtrate in una coppetta ghiacciata. Sprizzate il twist di arancia e decorate.

NOTE E CONSIGLI

- *Scegliete una marmellata di ottima qualità, farà la differenza. La marmellata utilizzata in origine fu Wilkin & Sons Orange Marmelade Fine Cut.*
- *Nel libro del 1930 The Savoy Cocktail Book di Harry Craddock, troviamo già un drink con la marmellata, il **MARMELADE COCKTAIL**: 50 ml Gin, 20 ml Campari - 15 ml succo di limone - 1 dash Angostura Bitters - 2 bar spoon di marmellata di arance, shakerato e filtrato in coppetta. Calabrese consiglia di non esegue una doppia filtrazione col colino per apprezzare meglio la consistenza della marmellata. A voi la scelta.*
- *Nella mia versione preferisco gestire in maniera diversa la dolcezza del Cointreau e l'acidità del succo di limone.*

BREAKFAST MARTINI

Londra - 1996

TENORE ALCOLICO
●●●○

SAPORE
Dolce, acido, limone, arancia e morbido

Drink con la marmellata

Non sappiamo chi sia Cameron e perché si parla di un calcio, ma questa ricetta compare per la prima volta nel libro di Harry MacElhone del 1922 *ABC of Mixing Cocktail*.
La cosa insolita e curiosa è l'abbinamento tra due tipologie di Whiskey diversi, ma è anche l'aspetto che caratterizza il drink: un po' come nei drink Tiki quando si cerca, mettendo insieme due o più Rum diversi, di fonderli in un carattere nuovo. Il drink è strepitoso.

BICCHIERE	TECNICA	GHIACCIO
Coppetta 180 ml	Shake	/

RICETTA

30 ml Jameson Irish Whiskey
30 ml Johnnie Walker Black Label Blended Scotch Whisky
30 ml Succo di limone fresco
20 ml Orzata

Shakerate tutti gli ingredienti e filtrate in una coppetta ghiacciata.

NOTE E CONSIGLI

- *Per l'orzata vedi pag. 29.*

CAMERON'S KICK

UK – Anni '20

TENORE ALCOLICO
●●●○

SAPORE
Dolce, cereali, acido, mandorla, leggermente torbato, fresco e morbido

Chi è Cameron?

Il Cardinale nasce a Roma, negli anni '60 della Dolce Vita e delle atmosfere felliniane, inventato dal Barman Giuseppe Raimondo all'*Hotel Excelsior* di Roma. Tra i suoi clienti il cardinale tedesco Schumann, solito farsi versare in un bicchiere da vino: Gin, Bitter, Vino bianco Riesling della Mosella, 2 chiodi di garofano, cannella e scorza di limone. Raimondo rivisitò poi questa ricetta sostituendo il vino con del Vermouth dry e lasciando solo la scorza di limone. Da lì, la moda di bere Cardinale si diffuse in tutti i bar di via Veneto.
Potremmo definirlo come una sorta di Negroni secco, ma il Cardinale è un drink con tutta la sua personalità e che tutti dovremmo conoscere.

BICCHIERE	**TECNICA**	**GHIACCIO**
Tumbler basso 350 ml	Stir	Blocco o Cubetti

RICETTA

30 ml Gagliardo Bitter Radicale
30 ml Beefeater London Dry Gin
20 ml Dolin Dry Vermouth De Chambéry

Twist Arancia

Versate tutti gli ingredienti in un mixing glass ghiacciato, stirrate con ghiaccio a cubetti e filtrate nel bicchiere freddo colmo di ghiaccio. Infine, sprizzate il twist di arancia.

NOTE E CONSIGLI

- *Molti bartender lo servono filtrato in coppetta e non è un errore, solo un modo diverso di intendere il drink.*

CARDINALE

Italia – Anni '50

TENORE ALCOLICO
●●●●

SAPORE
Amaro, secco, aromatico e profumo di arancia

Un Negroni secco? Non solo

Il Don's Special Daiquiri è uno dei drink più vecchi di Don The Beachcomber, una rivisitazione del classico Daiquiri anni '30 e che al tempo si poteva trovare coi nomi *Special Reserve Daiquiri* o *Special Reserve Rum Daiquiri* o *Don's Reverse Rum Daiquiri* e *Mona Daiquiri*. Mona è riferito all'edizione di Rum Myers's che in quegli anni era invecchiato 30 anni.
Negli anni il drink è cambiato per la tipologia dei Rum utilizzati e il Don's Special Daiquiri dagli anni '70 ha adottato un bilanciamento moderno, sicuramente molto diverso dal Mona Daiquiri del 1934.
Il drink è qualcosa di molto di più che un semplice Daiquiri al passion fruit, quanto invece un bilanciamento davvero azzeccato.

BICCHIERE	TECNICA	GHIACCIO
Coppetta 180 ml	Shake	/

RICETTA

30 ml Havana Club 3 Años Ron
30 ml Myers's Original Dark Jamaican Rum
15 ml Succo di lime fresco
20 ml Sciroppo di passion fruit
10 ml Honey mix

Shakerate tutti gli ingredienti e filtrate in una coppetta ghiacciata.

NOTE E CONSIGLI

- *Per lo sciroppo di passion fruit vedi pag. 30.*
- *Per l'honey mix vedi pag. 29.*
- *Quello in foto è in realtà il bicchiere del* **DERBY DAIQUIRI** *di Mariano Licudine al Mai Kai in Florida, una Daiquiri di matrice Tiki realizzato con la tecnica Flash Blend: 50 ml Ron Cubano – 15 ml succo di lime – 15 ml spremuta di arancia – 15 ml sciroppo di zucchero – 1/3 cup ghiaccio tritato.*

DON'S SPECIAL DAIQUIRI

Tiki – Anni '30

TENORE ALCOLICO
●●●○

SAPORE
Dolce, acido, passion fruit, lime e soave

Il Daiquiri di Donn

Si pensa che già nel XIII secolo i monaci medievali in Inghilterra bevessero *Posset*: un Punch caldo con birra, uova, spezie e fichi. *Egg* infatti significa uovo, mentre *Nog* un antico termine inglese che indicava una birra molto forte.
La prima ricetta dell'Egg Nog è sul libro di Jerry Thomas del 1862 *Bartender's Guide*, dove la descrive come *"una bevanda di origine americana con una popolarità cosmopolita, indispensabile al Sud a Natale e al Nord in ogni stagione"*.
Oggi l'Egg Nog è il tipico cocktail caldo di Natale in molti paesi tra cui Stati Uniti, Canada e Inghilterra e la sua giornata nazionale è proprio il 24 dicembre.
Gli Egg Nog possono essere in realtà caldi o freddi, ma quelli caldi sono sicuramente quelli più conosciuti.
Il *Brandy Egg Nog* a base Brandy è un ex IBA nelle codifiche del 1993 e del 2004.

BICCHIERE	TECNICA	GHIACCIO
Grog 250 ml	Build	/

RICETTA

30 ml Brandy Mazzetti 12 anni
20 ml Myers's Original Dark Jamaican Rum
60 ml Latte
15 ml Albume pastorizzato
30 ml Tuorlo pastorizzato
20 ml Sciroppo di zucchero

Decorazione: leggera spolverata di noce moscata

Montate e neve gli albumi con una frusta (elettrica) o ancor meglio in una planetaria. A parte, sbattete il tuorlo con lo zucchero. Mettete il Brandy, il Rum e il latte in una caraffa e da lì versateli a filo, poco alla volta, al tuorlo zuccherato continuando a sbattere. Unite ora il composto con gli albumi a quello coi tuorli e amalgamatelo. Scaldate il drink a microonde o in una pentola a fuoco basso, facendo attenzione a non cuocere l'uovo. Servite con una leggera spolverata di noce moscata. (Se invece volete un Egg Nog freddo, shakerate e filtrate in un bicchiere su ghiaccio).

NOTE E CONSIGLI

- *Normalmente si prepara in grandi quantità, quindi calcolate multipli della ricetta ed utilizzate per ogni dose circa 120-150 ml.*
- *Per un discorso legato alla sicurezza alimentare, al bar, utilizzate albumi e tuorli pastorizzati che potete trovare comunemente al supermercato, il risultato dal fresco non cambia oltre al fatto che vi consentono di calcolarne facilmente le quantità.*
- *L'Egg Nog è altamente personalizzabile, dalla base alcolica alle spezie.*

EGG NOG
(CALDO)

USA– Vintage

TENORE ALCOLICO
●●○○

SAPORE
Dolce, zabaione, Brandy, Rum, caldo e morbido

Uno zabaione alcolico!

Classico cocktail cubano degli anni '20. Non è un omaggio al Presidente Machado, come si legge spesso cercando la storia di questo drink, ma al suo predecessore Mario García Menocal, Presidente dal 1913 al 1921.
Il cocktail è associato al nome del barman americano Eddie Woelke, ma in realtà era già presente prima del suo arrivo a Cuba nel *Manual De Cantineros* del 1915. Con gli anni si sono poi sviluppate diverse versioni.

	BICCHIERE	**TECNICA**	**GHIACCIO**
	Coppetta 180 ml	Stir	/

RICETTA

50 ml Havana Club 3 Años Ron
20 ml Dolin Blanc Vermouth de Chambéry
10 ml Pierre Ferrand Dry Curaçao
10 ml Granatina
1 dash Angostura Bitters

Twist Arancia

Versate tutti gli ingredienti in un mixing glass ben freddo, stirrate con ghiaccio a cubetti e filtrate in una coppetta ghiacciata. Infine, sprizzate il twist di arancia.

NOTE E CONSIGLI

- *Per la granatina vedi pag. 29.*
- *Esistono altre 2 versioni famose ed entrambe datate 1929: la prima senza il liquore di arancia, la seconda (più secca) senza granatina e con Vermouth dry al posto di quello bianco.*

EL PRESIDENTE

Cuba – Anni '10

TENORE ALCOLICO
●●●○

SAPORE
Dolce, arancia, melagrana, aromatico e profumo di arancia

Il Cocktail del Presidente

Il Garibaldi è un cocktail molto semplice composto da Bitter e spremuta di arancia, un classico tutto italiano tornato di moda nel 2015 quando viene proposto al bar *Dante* a New York, diventandone un simbolo.
Il cocktail deve il suo nome al generale e patriota italiano Giuseppe Garibaldi, che ebbe un ruolo centrale nell'unificazione dell'Italia nel XIX secolo. Il Bitter è rosso come le famose giubbe e arancione come le arance dello sbarco in Sicilia. Il Bitter rappresenta il nord Italia, le arance il Sud Italia.
Ottimo per un aperitivo o un brunch.

	BICCHIERE	TECNICA	GHIACCIO
	Tumbler alto 370 ml	Build	Blocco o Cubetti

RICETTA

45 ml Bitter Campari
A colmare Spremuta di arancia

Decorazione: 1 spicchio di arancia

Versate gli ingredienti direttamente nel bicchiere freddo pieno di ghiaccio e miscelate delicatamente. Infine, decorate con uno spicchio di arancia.

NOTE E CONSIGLI

- *La spremuta di arancia è obbligatoria, non utilizzate succhi pastorizzati.*
- *Per ottenere l'effetto spumoso, prima di versare gli ingredienti potete o shakerarli senza ghiaccio, oppure emulsionarli con un aerolatte o un mixer elettrico.*
- *SCREWDRIVER, ex IBA, è composto da Vodka e spremuta di arancia.*

GARIBALDI

Italia – Anni '50

TENORE ALCOLICO
●●○○

SAPORE
Amaro, dolce, leggermente acido, arancia e morbido

Italia unita!

Il Gimlet fu promosso dagli ufficiali della marina britannica nel XIX secolo ai loro marinai per prevenire lo scorbuto, malattia dovuta alla carenza di vitamina C.
Nel 1867 venne approvato un decreto dal parlamento inglese che imponeva una somministrazione giornaliera di succo di lime a tutti i marinai (per questo motivo chiamati anche *Limey*) durante la navigazione. Lo stesso anno, Lachlan Rose brevettò un sistema per la conservazione del succo di lime e il suo *Cordial Lime Rose's* (il primo concentrato di frutta della storia!), presente su tutte le navi, fu ben presto mescolato col Gin Plymouth Navy Strenght dando vita al Gimlet.
Si pensa che il nome derivi dal succhiello, *gimlet*, l'attrezzo usato per forare i barili di alcolici sulle navi della marina.
Il drink è presente per la prima volta nel libro *The Savoy Cocktail Book* di Harry Craddock del 1930.

BICCHIERE	TECNICA	GHIACCIO
Coppetta 180 ml	Shake	/

RICETTA

50 ml Elephant Gin Strenght
50 ml Sciroppo di lime
10 ml Succo di lime fresco o aceto bianco

Shakerate tutti gli ingredienti e filtrate in una coppetta ghiacciata.

NOTE E CONSIGLI

- *Il segreto di questo drink è dato dallo sciroppo di lime (pag. 30), il cui risultato non raggiungerete mai utilizzando uno sciroppo industriale.*
- *Se preferite, potete utilizzare un Gin meno potente rispetto al Navy Strenght a 57% vol., che però in questo caso regala una marcia in più.*
- *Per molti il Gimlet è composto da Gin e sciroppo in parti uguali; io preferisco aggiungere una extra nota acida con succo di lime fresco o aceto bianco che conferiscono un'ulteriore nota acida di freschezza.*
- **VODKA GIMLET**, *non IBA, la versione a base Vodka.*

GIMLET

UK – *Tra il 1850 e il 1900*

TENORE ALCOLICO
●●●○

SAPORE
Dolce, acido, lime e molto fresco

Contro lo scorbuto

Il cocktail è stato creato dalla bartender americana Audrey Saunders quando lavorava al ristorante *Beacon* di New York. Saunders, dopo aver lavorato in bar prestigiosi e diventando una delle figure di riferimento della rinascita della miscelazione americana nei primi anni 2000, apre nel 2005 il famoso Bar *Pegu Club* a New York.
È anche la creatrice del cocktail *Old Cuban* (pag. 162), entrato nella lista IBA con l'ultima codifica del 2020.
Potremmo definire il cocktail un *Mojito* (pag. 150) che incontra un *Moscow Mule* (pag. 154), ma a base Gin.

BICCHIERE	TECNICA	GHIACCIO
Tumbler alto 370 ml	Shake	Blocco o Cubetti

RICETTA DI AUDREY SAUNDERS

50 ml Gin
20 ml Succo di lime fresco
20 ml Ginger beer home-made
30 ml Sciroppo di zucchero
3-4 Foglie di menta

Decorazione: zenzero candito

RICETTA CONSIGLIATA

50 ml Tanqueray London Dry Gin
20 ml Succo di lime fresco
10 ml Sciroppo di zucchero
5-6 Foglie di menta
A colmare Fever Tree Ginger beer

Decorazione: zenzero candito

Nella versione di Saunders shakerate tutti gli ingredienti e filtrate in un tumbler alto da 370 ml colmo di ghiaccio. Nella versione consigliata shakerate tutti gli ingredienti eccetto la soda, filtrate in un tumbler alto da 370 ml pieno di ghiaccio e colmate con la Ginger beer. Infine, decorate.

NOTE E CONSIGLI

- *Per la Ginger beer di Saunders sciogliete a freddo: 200 ml acqua, 25 ml di estratto di zenzero ricavato con l'estrattore, 25 ml di zucchero integrale, 25 ml di succo di lime fresco.*
- *Saunders, nella sua ricetta, dice di utilizzare una Ginger beer home-made , ma in realtà è un premix zuccherato di zenzero e lime, non gassato e che ho provato ad adattare dalle sue indicazioni. La Ginger beer è un prodotto fermentato e gassato, molto diverso dal suo.*
- *Se volete utilizzare una classica Ginger beer al posto di quella di Saunders, il drink diventerà frizzante.*

GIN GIN MULE

USA– 2000

TENORE ALCOLICO

●●○○

SAPORE
Dolce, acido, lime, menta, zenzero, fresco e frizzante

Audrey

La storia del Gin Tonic si intreccia con quella del chinino, dell'esercito inglese di stanza in India e in Africa nel 1800, della malaria e delle prime acque toniche. Quando negli anni '20 dell'ottocento si riuscì a isolare il chinino, composto amaro ricavato dall'albero *Cinchona* (o *Quechua*, in Inca), e gli europei ne scoprirono le sue proprietà antimalariche, le truppe inglesi presenti in zone colpite dalla malattia lo mischiavano con Gin, lime e zucchero per mascherarne il sapore eccessivamente amaro. Ma fu solo in un secondo momento, con la commercializzazione della prima acqua tonica indiana di Schweppes nel 1858, che la bevanda divenne un rimedio rinfrescante e perfetto per il clima caldo delle colonie, di moda e trendy.
Questa bevanda divenne l'archetipo della bevanda oggi amata e bevuta in tutto il mondo: il Gin Tonic o Gin and Tonic.

BICCHIERE	TECNICA	GHIACCIO
Tumbler alto 370 ml	Build	Blocco o Cubetti

RICETTA

45-50 ml Beefeater London Dry Gin
A colmare Schweppes Tonica

Twist di limone

Versate gli ingredienti direttamente nel bicchiere freddo pieno di ghiaccio e miscelate delicatamente. Infine, sprizzate il twist di limone e lasciatelo cadere all'interno del cocktail.

NOTE E CONSIGLI

- *Utilizzare un Gin e una tonica già fredda vi permetterà di mantenerne più a lungo l'effervescenza e sciogliere il ghiaccio più tardi, limitando la diluizione del drink.*
- *La moda di aggiungere spezie all'interno del Gin Tonic non serve a nulla, il loro sapore non si sente e sono invadenti.*
- *Vi capiterà che vi chiedano un Gin Tonic con un po' di lime spremuto. In realtà anche se probabilmente non lo sanno, vi stanno chiedendo un **GIN RICKEY**, che si prepara aggiungendo 10 ml di succo di lime fresco. In questo caso il lime dà maggiore acidità e maschera l'impatto alcolico del drink.*
- ***VODKA TONIC**, a base Vodka.*
- *Il **LIMONCELLO TONIC**, a base limoncello, è drink meraviglioso, specie se utilizzate un limoncello di qualità. Io lo decoro con una foglia di basilico.*

GIN TONIC

TENORE ALCOLICO
●●○○

SAPORE
Dolce, amaro, china, fresco, profumo di limone e frizzante

UK – Seconda metà del 1800

Un drink senza tempo

Modern classic tutto italiano di Edoardo Nono, creato nel 1998. Edoardo è proprietario del famoso *Rita* sui navigli di Milano, aperto nel 2002. Oggi Milano vanta moltissimi e incredibili cocktail bar di successo, ma quando il Rita è nato è stato il punto di riferimento per tutti e tutt'ora è un importante caposaldo della miscelazione italiana. Il Gin Zen unisce Gin e zenzero in un connubio fantastico ad un nome che non si scorda. Se non lo avete ancora fatto correte al Rita a berne uno originale!

BICCHIERE	TECNICA	GHIACCIO
Tumbler basso 350 ml	Build	Tritato

RICETTA

50 ml Beefeater London Dry Gin
20 ml Succo di lime fresco
15 ml Sciroppo di lime
1 Pezzetto di zenzero sbucciato
2 bar spoon Zucchero integrale
Splash Schweppes Soda

Decorazione: spicchio di lime

Direttamente nel bicchiere, pestate lo zenzero insieme allo zucchero integrale riducendolo ad una poltiglia. Colmate il bicchiere con ghiaccio tritato e aggiungete il resto degli ingredienti. Mescolate con un bar spoon dal basso verso l'alto e colmate con altro ghiaccio tritato perché assestandosi il primo sarà sceso. Infine, decorate con uno spicchio di lime.

NOTE E CONSIGLI

- *Per lo sciroppo di lime vedi pag. 30.*

GIN ZEN

TENORE ALCOLICO
●●○○

SAPORE
Dolce, acido, zenzero, lime, fresco e pungente

Italia, Milano – 1998

Tutti al Rita!

I *Toddy*, originariamente, erano considerati una famiglia di drink da poter servire sia caldi che freddi e composti da spirito-zucchero-spezie-scorza di limone, da servire con ghiaccio se freddi o con acqua bollente se caldi.
La prima ricetta conosciuta era semplicemente "acqua, Rum o Brandy, zucchero e noce moscata", registrata nel 1801 in *The American Herbal* di Samuel Sterns. Charles Dickens fa anche riferimento a un *Whisky Toddy* nei *Pickwick Papers*, 1836, come lo troviamo sul primo libro di cocktail della storia: *Bartender's Guide* di Jerry Thomas del 1862.
Non conosciamo esattamente le origini dell'Hot Toddy, ma sappiamo che è una bevanda tradizionale scozzese da sempre utilizzata per affrontare il freddo. Una teoria collega l'etimologia della bevanda con il principale approvvigionamento idrico di Edimburgo dell'epoca, *Tod's Well*, da cui il nome Toddy.

BICCHIERE	TECNICA	GHIACCIO
Grog 250 ml	Build	/

RICETTA

45 ml Jameson Irish Whiskey
120 ml Acqua bollente
20 ml Honey mix

Decorazione: scorza di limone con chiodi di garofano e leggera spolverata di noce moscata

Versate tutti gli ingredienti direttamente nella tazza e col bar spoon date una leggera mescolata per far sciogliere il miele.
Infine, lasciate cadere la scorza di limone e spolverate con la noce moscata.

NOTE E CONSIGLI

- *Potete utilizzare il Whisky che preferite. Le versioni più diffuse sono con Irish Whiskey o Blended Scotch Whisky.*
- *Se lavorate in un bar, NON utilizzate l'acqua calda stagna della caldaia della macchina del caffè, ma l'acqua minerale scaldata con un bollitore o in una teiera.*
- *Il Toddy caldo si presta a infinite variazioni, la ricetta indicata rappresenta una struttura di partenza: potete variare il distillato, utilizzare un tè al posto dell'acqua, variare la parte dolcificante o le spezie. Spesso è utilizzata anche una stecca di cannella in infusione.*
- *In questa tipologia di drink è davvero interessante l'utilizzo del burro o burri aromatizzati che donano un piacevole effetto grasso al vostro Toddy.*
- *Per la preparazione dell'honey mix vedi pag. 29.*

HOT TODDY

TENORE ALCOLICO
●●○○

SAPORE
Dolce, cereali, speziato, profumo di limone, caldo e corroborante

Scozia – Tradizionale

Il papà dei drink caldi!

L'Hugo è un aperitivo molto richiesto che in Italia si sta affermando sempre di più.
È stato creato nel 2005 dal barman Roland Gruber, soprannominato "Ak", nel suo wine e cocktail bar *San Zeno* a Naturno (BZ).
Inizialmente il cocktail avrebbe dovuto chiamarsi *Otto* e a base di sciroppo di melissa, poi la scelta è andata sul nome altoatesino Hugo e sullo sciroppo di fiori di sambuco.
È un cocktail ben riuscito: semplice, efficace, facile da bere e dalla bassa gradazione.

BICCHIERE	TECNICA	GHIACCIO
Calice 450 ml	Build	Blocco o Cubetti

RICETTA

15 ml Sciroppo ai fiori di sambuco
60 ml Perrier
A colmare Balan Prosecco

Decorazione: menta

Versate gli ingredienti direttamente nel bicchiere pieno di ghiaccio e miscelate delicatamente. Infine, decorate con un ciuffo di menta.

NOTE E CONSIGLI

- *Per lo sciroppo home-made, comportatevi come per lo sciroppo di camomilla, vedi pag. 30, utilizzando i fiori di sambuco.*
- *ST. GERMAIN COCKTAIL, sostituendo lo sciroppo con il famoso liquore ai fiori di sambuco.*

HUGO

Italia – 2005

TENORE ALCOLICO
●○○○

SAPORE
Dolce, Prosecco, fiori di sambuco, profumo di menta, fresco e frizzante

Il drink di Ak!

L'Hurricane è stato creato al *Pat O'Bryan* di New Orleans durante la Seconda Guerra Mondiale.
Per un accordo commerciale coi fornitori, i proprietari del locale dovevano acquistare delle casse di Rum (considerato economico e poco interessante) per poter comprare anche il Whiskey che volevano vendere. Così, per smaltire il Rum, il barman Louis Culligan creò una sorta di *Planter's Punch* (pag. 178) al passion fruit e lo servì nel leggendario bicchiere a tupilano *Hurricane*.
Oggi il Pat O'Bryan è uno dei bar più popolari di New Orleans e l'Hurricane una delle bevande iconiche della città.

BICCHIERE	TECNICA	GHIACCIO
Hurricane 350 ml	Shake	Tritato

RICETTA

60 ml Myers's Original Dark Jamaican Rum
30 ml Succo di limone fresco
30 ml Sciroppo di passion fruit

Decorazione: menta

Shakerate tutti gli ingredienti con ghiaccio tritato e servite nel bicchiere freddo con lo stesso ghiaccio della shakerata. Infine, decorate con un ciuffo di menta.

NOTE E CONSIGLI

- *Per lo sciroppo di passion fruit vedi pag. 30.*
- *I bicchieri Hurricane originali sono molto grandi, quasi a contenere due drink.*
  Se non trovate un Hurricane da 350-390 ml, utilizzate senza problemi un tumbler alto della capienza corretta.

HURRICANE

Tiki – Anni '40

TENORE ALCOLICO
●●●○

SAPORE
Dolce, acido lime, passion fruit e molto fresco

Un uragano di sapore!

Il drink viene creato nel 1973 per l'apertura del bar *Aviary* dell'Hilton Hotel a Kuala Lumpur, che oggi non esiste più, dal bar manager Jeffrey Ong.
Aviary significa *voliera*, gli ospiti infatti potevano vedere degli uccelli in una zona retata dietro ad un vetro del bar.
La popolarità del drink è cresciuta dopo che è stato menzionato nel libro Tiki *Intoxica* di Beachbum Berry del 2003.
In Malesia, il Jungle Bird è una sorta di drink nazionale.

BICCHIERE	TECNICA	GHIACCIO
Tumbler basso 350 ml	Shake	Tritato

RICETTA DI JEFFREY ONG

45 ml Rum scuro
30 ml Bitter Campari
120 ml Estratto di ananas fresco
15 ml Succo di lime fresco
15 ml Sciroppo di zucchero

Decorazione: ananas, ciliegia, fetta di arancia, fetta di limone e orchidea

RICETTA CONSIGLIATA

30 ml Santa Teresa 1796 Solera Rum
15 ml Bitter Campari
60 ml Estratto di ananas fresco
15 ml Succo di lime fresco
15 ml Sciroppo di zucchero

Decorazione: menta

Shakerate tutti gli ingredienti con ghiaccio tritato e servite in un nel bicchiere freddo con lo stesso ghiaccio della shakerata. Infine, decorate.

NOTE E CONSIGLI

- *La ricetta originale veniva shakerata con ghiaccio tritato e servita in un bicchiere grande tipo Hurricane, un grosso calice a tulipano.*
- *La ricetta consigliata, rispetto alla versione originale, è stata adattata nelle quantità.*

JUNGLE BIRD

Tiki – 1973

TENORE ALCOLICO
●●○○

SAPORE
Dolce, amaro, acido, ananas e rinfrescante

Il drink della Malesia!

Milano, come il Bitter Campari nato dalle mani di Gaspare Campari nel 1860 chiamato in origine *Bitter all'uso d'Hollanda*, il suo bar in piazza Duomo nel 1862, oggi *Il Camparino in Galleria*, e la produzione dei suoi liquori.
Torino, come il Vermouth del 1786 di Antonio Benedetto Carpano che per primo riesce a definire il primo standard produttivo del Vermouth rosso dolce italiano.
Il Milano-Torino nasce dall'unione di questi due prodotti, anche se in origine il drink conteneva in prevalenza Vermouth, bevanda più diffusa all'epoca. Non immaginatevi in quegli anni il cocktail di oggi servito in un grande bicchiere con ghiaccio, quanto piccoli calici e prodotti senza diluizione.
Il Milano-Torino inizia poi ad essere chiamato anche *Americano* (pag. 54) e *Negroni* (pag. 158), fino a far conquistare una loro identità agli altri due.
È chiamato anche MITO o MI-TO.

	BICCHIERE	TECNICA	GHIACCIO
	Tumbler basso 350 ml	Stir	Blocco o Cubetti

RICETTA

50 ml Bitter Campari
50 ml Cocchi Storico Vermouth di Torino

Twist Arancia

Versate tutti gli ingredienti in un mixing glass ben freddo, stirrate con ghiaccio a cubetti e filtrate in un tumbler basso colmo di ghiaccio. Infine, sprizzate il twist di arancia.

NOTE E CONSIGLI

- *Con tutte le diverse tipologie di Bitter e Vermouth presenti oggi sul mercato, potete davvero sbizzarrirvi nel trovare i prodotti e l'equilibrio che più vi piacciono. Partite dosandoli pari quantità e da lì cercate di capire come varare il vostro equilibrio.*
- ***MILANO-MILANO**, variante con 50 ml di Bitter e 50 ml di Rabarbaro Zucca.*
- *Non è una variante di Milano-Torino, ma non posso qui non citare il **CAMPARI SHAKERATO**: shakerate 60 ml di Bitter Campari finché lo shaker non diventa ghiacciato e filtrate in una coppetta fredda. Io aggiungo anche un twist di limone.*

MILANO-TORINO

TENORE ALCOLICO
●●●○

SAPORE
Amaro, abboccato, deciso e profumo di arancia

Italia – Seconda metà del 1800

I prodotti che tutti ci invidiano!

Il *Punch* è la bevanda ancestrale già diffusa nel XVI secolo sulle navi dei marinai inglesi e composta da 5 elementi: parte alcolica (distillato), parte dolce (zucchero o sciroppi), parte acida (agrumi o ingredienti acidi), parte debole (acqua/ghiaccio), parte speziata (spezie, tè, Bitters). Da qui, la famosa filastrocca che suggerisce un equilibrio: *One of sour, two of sweet, three of strong, four of weak (and five of spices).*
Il *Milk Punch* con latte, come ci racconta l'inconfutabile David Wondrich nel suo libro *Punch* del 2010, risale al 1711 e alla casalinga Mary Rockett, mentre il primo English Milk Punch lo possiamo trovare sul libro di Jerry Thomas del 1862 *Bartender's Guide.*
Il Milk Punch chiarificato, oltre ad essere un drink, è una vera e propria tecnica oggi ripresa dai bartender di tutto il mondo, che consente di rendere il drink cristallino, delicato e lasciare un piacevole sottofondo di yogurt.

BICCHIERE	TECNICA	GHIACCIO
Tumbler basso 350 ml	Build	Blocco o cubetti

RICETTA

25 ml Mazzetti Brandy 12 anni
25 ml Myers's Original Dark Jamaican Rum
30 ml Succo di limone fresco
20 ml Sciroppo di vaniglia
40 ml Tè Earl Gray tiepiedo a 38-40°
30 ml Latte tiepido a 38-40°

Decorazione: leggera spolverata di noce moscata

In una caraffa, miscelate tutti gli ingredienti ad eccezione del latte. Unite ora delicatamente la miscela al latte e filtrate tutto attraverso un filtro carta come quelli per il caffè filtro V-60. Lasciate cagliare il tempo necessario. Per fare questa operazione appoggiate il filtro carta su un imbuto sopra una caraffa e versatevi il drink che piano piano scenderà a gocce chiarificato. Servite in un tumbler freddo colmo di ghiaccio e spolverate con noce moscata.

NOTE E CONSIGLI

- *Per lo sciroppo di vaniglia vedi pag. 30.*
- *La chiarificazione avviene perché il latte caglia a contatto con la parte acida trattenendo la parte solida.*
- *Non esiste una ricetta universale. Potete variare la base alcolica, il tè o utilizzare un infuso di spezie, utilizzare altri ingredienti acidi o personalizzare lo sciroppo.*
- *Consiglio di preparare il drink in più dosi e servire 150 ml di prodotto.*
- *Chiarificare non significa rendere trasparente.*

MILK PUNCH
(CHIARIFICATO)

UK - '700

TENORE ALCOLICO
●●○○

SAPORE
Dolce, acido, limone, noce moscata e sensazione delicata di yogurt

Chiarifichiamo!

"Se non potete arrivare al paradiso lo porterò io da voi". Questa una delle frasi celebri di Don The Beachcomber, inventore della miscelazione Tiki che andrà a stravolgere quella tradizionale americana.
Il Missionary's Downfall è uno dei primi cocktail di Donn, che già serviva nei primi anni del suo locale, il *Donn The Bechcomber*, già alla fine degli anni '30.
La caduta del missionario, inizialmente servita come cocktail dessert, è una bevanda deliziosa dal nome azzeccato e accattivante.

	BICCHIERE	TECNICA	GHIACCIO
	Coppetta 220 ml	Blend	/

RICETTA

30 ml Havana Club 3 Años Ron
15 ml Crème de Pêche Merlet
30 ml Honey mix
15 ml Succo di lime fresco
1 Rondella di ananas
1 Rametto di menta (solo foglie)
¾ cup ghiaccio tritato

Decorazione: menta

Frullate tutti gli ingredienti in un blender per 10-15 secondi, o comunque fino ad ottenere una crema, e servite. Decorate con un ciuffo di menta.

NOTE E CONSIGLI

- *Per l'honey mix pag. 29.*
- *Il drink NON deve avere la consistenza di una granita ghiacciata (frozen) ma essere una crema. Per questo motivo è molto importante che utilizziate la quantità di ghiaccio indicata, che potete misurare con degli appositi cucchiai graduati in cup.*

MISSIONARY'S DOWNFALL

Tiki – Anni '30

TENORE ALCOLICO
●●○○

SAPORE
Dolce, menta, pesca, ananas, lime e cremoso

La caduta del missionario!

Il Daiquiri nucleare nasce al LAB di Londra, a Soho, nel 2005, dalle mani del barman Gregor Gruyther. Il Nuclear Daiquiri, come dice il suo nome, è un drink potente e letale, ma soprattutto un moderno classico contemporaneo.
Il LAB è stato aperto da Douglas Ankrah, lo stesso che ha inventato il *Porn Star Martini*, pag. 286, e in quegli anni è stato un importantissimo punto di riferimento per la miscelazione londinese e mondiale.
Curiosità: prima di diventare LAB il locale era la scuola per barman di Ankrah: *The London Academy of Bartending* dal 1986 al 1999, mentre il LAB è stato aperto dal 1999 al 2016.

BICCHIERE	TECNICA	GHIACCIO
Coppetta 180 ml	Shake	/

RICETTA

30 ml Wray & Nephew Rum Overproof
20 ml Chartreuse verde
20 ml Falernum
20 ml Succo di lime fresco

Decorazione: spicchio di lime

Shakerate tutti gli ingredienti e filtrate in una coppetta ghiacciata. Infine, decorate.

NOTE E CONSIGLI

- *Per il Falernum vedi pag. 28.*

NUCLEAR DAIQUIRI

UK, Londra - 2005

TENORE ALCOLICO
●●●●

SAPORE
Dolce, acido, erbaceo, speziato, fresco e potente

Un Daiquiri nucleare!

Il *Pearl Diver Punch* veniva servito negli anni '30 da Don The Beachcomber, colui che ha inventato tutto il filone della *finta miscelazione tropicale*. La ricetta è stata poi modificata da lui stesso negli anni '50.
Il nome del drink, pescatore di perle, è un omaggio ai suoi ricordi di infanzia quando insieme al nonno andava a pescare le ostriche ai Caraibi e sembra infatti che Donn inserisse ogni 5 drink una perla vera.
Il drink è particolare perché utilizza il burro e torna alla ribalta quando viene bevuto da Leonardo Di Caprio nel film *Django Unchained* del 2012.

BICCHIERE	TECNICA	GHIACCIO
Pearl Diver glass 370 ml	Flash Blend	Tritato

RICETTA

15 ml Plantation O.F.T.D. Overproof Rum
45 ml Appleton Signature Blend Giamaican Rum
15 ml Gardenia Mix
15 ml Succo di lime fresco
15 ml Spremuta di arancia
1 dash Angostura Bitters
½ cup Ghiaccio tritato

Decorazione: gardenia, foglia di banana, perla di ghiaccio

Frullate tutti gli ingredienti per circa 10 secondi. Filtrate nel bicchiere freddo pieno di ghiaccio, colmate con ghiaccio tritato e decorate.

NOTE E CONSIGLI

- *Per il Gardenia Mix vedi pag. 28.*
- *Filtrare il drink dopo averlo frullato consente di effettuare quello che in gergo i bartender chiamano "fat washed", facendo sì che il liquido filtrato abbia preso in questo caso la morbidezza del premix al burro.*
- *In assenza del bicchiere dedicato utilizzate un tumbler alto dal 370 ml.*

PEARL DIVER

Tiki – Anni ’30

TENORE ALCOLICO
●●●○

SAPORE
Dolce, acido, agrumi, aromatico, fresco e morbido.

Pescatore di perle

James Pimm's era il proprietario di un chiosco di ostriche a Londra, che aprì nel 1823 accanto alla Banca di Inghilterra, nel cuore della City. Inventò questa bevanda digestiva a base Gin, chinino ed erbe varie, che veniva servita in una piccola tazza. La *house cup* (la tazza della casa) ha ispirato il nome *Pimm's Cup N°1*, che piacque così tanto da mettere in commercio l'omonimo liquore nel 1851. Negli anni a seguire, vennero messe in commercio altre Cup che avevano diverse basi alcoliche.
Il Pimm's Cup è la bevanda tradizionale del famoso torneo di tennis di Wimbledon.

BICCHIERE	TECNICA	GHIACCIO
Tumbler alto 350 ml	Build	Blocco o Cubetti

RICETTA

45 ml Pimm's N°1
A colmare Schweppes Ginger ale o Soda al limone

Decorazione: fetta di cetriolo, una fragola tagliata in due, spicchio di arancia, ciuffo di menta

Versate gli ingredienti direttamente nel bicchiere pieno freddo di ghiaccio e miscelate delicatamente. Infine, decorate.

NOTE E CONSIGLI

- *Pimm's N°1, liquore a base Gin.*
- *Pimm's N°2, liquore a base Scotch whisky – fuori commercio.*
- *Pimm's N°3, liquore a base Brandy.*
- *Pimm's N°4, liquore a base Rum – fuori commercio.*
- *PImm's N°5, liquore a base Whiskey di segale – fuori commercio.*
- *Pimm's N°6, liquore a base Vodka.*
- *Potete anche decorarlo semplicemente con una fetta di cetriolo e/o un ciuffo di menta.*

PIMM'S CUP

UK, Londra – Anni '20 del 1800

TENORE ALCOLICO
●●○○

SAPORE
Dolce, aromatico, zenzero o limone, fresco e frizzante

British style!

Dalla corsa all'oro fino al proibizionismo, questa miscela a base Pisco peruviano era la preferita a San Francisco.
Il Pisco Punch è stato creato nel più rinomato saloon della vecchia San Francisco, il *Bank Exchange*, che ha aperto nel 1854 nel quartiere Montgomery. Il barista indissolubilmente associato al cocktail era lo scozzese Duncan Nicol, che dispensò Punch al Pisco dal 1870 fino alla chiusura del bar nel 1920. Quando Nicol morì nel 1926 portò la ricetta nella tomba e venne scoperta per caso, quasi quarant'anni dopo, dallo storico William Bronson. La leggenda vuole anche che per rendere il drink speciale, Nicol ci mettesse un ingrediente segreto: un pizzico di cocaina e che il drink fosse definito come *un calcio di toro selvaggio appena legato.*
Anche oggi è un long drink piacevolmente ritrovato.

BICCHIERE	TECNICA	GHIACCIO
Tumbler alto 370 ml	Shake	Blocco o Cubetti

RICETTA

60 ml Tabernero Pisco Acholado
50 ml Succo di limone fresco
30 ml Sciroppo di ananas

Decorazione: ananas

Shakerate tutti gli ingredienti e filtrate nel bicchiere freddo pieno di ghiaccio.

NOTE E CONSIGLI

- *Per lo sciroppo di ananas vedi pag. 29.*

PISCO PUNCH

TENORE ALCOLICO
●●○○

SAPORE
Dolce, acido, uva, ananas e rinfrescante

USA – Seconda metà del 1800

A tutto Pisco!

Il Porn Star Martini è uno dei cocktail più bevuti in Inghilterra, al mondo ed è stato creato nel 2002 da Douglas Ankrah mentre studiava il menù per il suo Townhouse Bar di Londra.
Originariamente venne chiamato *Maverick Martini*, ispirato dal nome di uno strip Club a Cape Town, in Sud Africa, dove Ankrah si trovava prima di aprire il Townhouse e scrivere il suo libro di cocktail *Shaken and Stirred* (uscito poi nel 2004).
Poi, tornato Londra, lo ribattezzò col nome che conosciamo e lo definì come *"un cocktail che avrebbe bevuto una pornostar: sexy, divertente e senza pretese".*
Oggi è senza dubbio un modern classic a tutti gli effetti.

BICCHIERE	TECNICA	GHIACCIO
Coppetta 180 ml	Shake	/

RICETTA DI DOUGLAS ANKRAH

45 ml Vodka alla vaniglia
15 ml Liquore al passion fruit
15 ml Sciroppo di vaniglia
1 e ½ Passion fruit svuotato

Decorazione: mezzo passion fruit e uno shot di Champagne (100 ml)

RICETTA CONSIGLIATA

45 ml Stolichnaya Vanil Vodka
30 ml Succo di passion fruit
10 ml Succo di lime fresco
25 ml Sciroppo di vaniglia

Decorazione: mezzo passion fruit e uno shot di Billecart-Salmon Champagne

Shakerate tutti gli ingredienti, filtrate in una coppetta ghiacciata e lasciate galleggiare sul cocktail il passion fruit tagliato a metà. Il drink va servito insieme ad uno shot (un bicchierino) di Champagne e un cucchiaino per il passion fruit. Ankrah consiglia di gustarlo in questo modo: prima il passion fruit, poi lo Champagne e infine il drink.

NOTE E CONSIGLI

- *Per lo sciroppo di vaniglia vedi pag. 29.*
- *Rispetto alla ricetta originale preferisco non utilizzare liquori al passion fruit, ma aumentare le quantità di succo di passion fruit fresco, di zucchero e aggiungere un'ulteriore nota acida col lime.*
- *Per succo di passion fruit intendo quello ricavato dove aver lavorato la polpa del passion fruit con un passaverdure o filtrandola pestandola con un muddler in un colino a maglie fini. In commercio esistono anche dei comodi panetti di succo congelati.*

PORN STAR MARTINI

UK, Londra - 2002

TENORE ALCOLICO
●●●○

SAPORE
Dolce, acido, passion fruit, vaniglia e fresco

Sexy

Rabo De Galo significa letteralmente *coda di gallo*, ossia cocktail, ed è una delle bevande più consumate in Brasile.
La storia del drink è legata all'arrivo della fabbrica di Cinzano a San Paolo negli anni '50 e all'introduzione nel mercato brasiliano del suo Vermouth che divenne un'icona della cultura italiana.
A seconda delle regioni, il Rabo De Galo è composto da Cachaça e Vermouth, oppure il Vermouth sostituito dal liquore amaro Cynar, mentre in altre sono presenti tutti gli elementi.

BICCHIERE	TECNICA	GHIACCIO
Tumbler basso 350 ml	Stir	Blocco o Cubetti

RICETTA

50 ml Magnifica de Faria Tradicional Cachaça
25 ml Cocchi Storico Vermouth di Torino
25 ml Cynar

Twist Pompelmo rosa

Versate tutti gli ingredienti in un mixing glass ben freddo, stirrate con ghiaccio a cubetti e filtrate nel bicchiere colmo di ghiaccio. Infine, sprizzate il twist di pompelmo.

NOTE E CONSIGLI

- *Può essere anche servito filtrato in coppetta o in bicchieri alti e stretti.*
- *Potete anche valutare di ribilanciare il drink utilizzando il Cynar in piccola quantità come fosse un Bitters, ad esempio: 50 ml Cachaça – 40/50 ml Vermouth dolce rosso – 5 ml Cynar*

RABO DE GALO

Brasile – Anni '50

TENORE ALCOLICO

●●●●

SAPORE
Dolce, amaro, abboccato, deciso e profumo di pompelmo

Coda di gallo!

Il Red Hook è stato creato nel 2003 dal bartender italiano Vincenzo Errico quando lavorava al *Milk & Honey* di New York. Come mi ha spiegato lo stesso Vincenzo, il suo obiettivo era quello di creare un cocktail rendendo piacevole il sapore di un prodotto che normalmente il cliente non apprezzava e in questo caso il punto di partenza fu il liquore maraschino. Al maraschino, secco e con sentori di ciliegia, decise di abbinare Punt e Mes, Vermouth dolce e corposo la cui bottiglie era ferma nel frigo del locale, e un Rye Whiskey (Rittenhouse) per dare la potenza al drink.
Il nome viene dal fatto che a New York, Red Hook è il quartiere italiano (come Vincenzo) di Brooklyn e il drink è un twist tra il *Brooklyn* e il *Manhattan* (pag. 138).
Il resto è storia e oggi è un nuovo classico contemporaneo.

	BICCHIERE	TECNICA	GHIACCIO
	Coppetta 180 ml	Stir	/

RICETTA

60 ml Dad's Hat Rye Whiskey
15 ml Punt e Mes Aperitivo
15 ml Luxardo Maraschino

Decorazione: ciliegina al maraschino

Versate tutti gli ingredienti in un mixing glass ben freddo, stirrate con ghiaccio a cubetti e filtrate in una coppetta ghiacciata. Infine, decorate con un ciliegina al maraschino.

NOTE E CONSIGLI

- *Oggi* **PUNT E MES** *non è più un Vermouth ma un aperitivo a base Vino.*
- **BROOKLIN**, *che ispira questo drink, è composto da: 50ml Rye Whiskey-50 ml Vermouth dolce rosso-1 dash liquore maraschino-1 dash Amer Picon, stirrato e filtrato in coppetta.*
- **ENZONI** *è l'altro famoso drink di Vincenzo Errico e composto da: 45 ml Gin–15 ml Bitter–15 ml succo di limone–15 ml sciroppo di zucchero–4 chicchi d'uva senza semi schiacciati nel bicchiere prima si shakerare, e filtrato in un tumbler basso pieno di ghiaccio.*

RED HOOK

New York - 2003

TENORE ALCOLICO
●●●●

SAPORE
Dolce, abboccato, cereali, ciliegie marasche e deciso

Un italiano a Red Hook, Brooklin

Il Rob Roy nasce nel 1894 al *Waldorf-Astoria Hotel* di New York. Nel libro di A.S.Crockett *The Old Waldorf-Astoria Bar Book* del 1935, viene spiegato che il nome viene preso dall'omonima operetta del tempo in scena a Broadway, basata sulle gesta del Robin Hood scozzese Robert Roy MacGregor, a cavallo tra il 1600 e il 1700.
Oggi è considerato un parente affumicato del *Manhattan* (pag. 138), ma con la sua identità ben definita.

	BICCHIERE	TECNICA	GHIACCIO
	Coppetta 180ml	Stir	/

RICETTA

50 ml Scotch Whisky
30 ml Vermouth rosso dolce
2 dashes Bitters

Twist Arancia

RICETTA CONSIGLIATA

10 ml Caol Ila 12 Single Malt Whisky
30 ml Dewars 12 Blended Scotch Whisky
40 ml Cocchi Storico Vermouth di Torino
2 dashes Bitter Rabarbaro Sirene

Twist Arancia

Versate tutti gli ingredienti in un mixing glass ben freddo, stirrate con ghiaccio a cubetti e filtrate in una coppetta ghiacciata. Infine, sprizzate il twist di arancia.

NOTE E CONSIGLI

- *Utilizzare il Whisky in funzione del risultato che vorrete ottenere. Con uno Scotch blended avrete un risultato più morbido, mentre con un Single Malt un sapore più potente e torbato.*
- *Potete anche utilizzare un blend di Whisky diversi e fondere i loro caratteri*
- *Se deciderete di utilizzare un Single Malt , consiglio di bilanciare il drink utilizzando Whiskey e Vermouth in parti uguali.*
- *Con 5 ml di sciroppo di zucchero il drink sarà meno secco e più corposo.*
- *Nel libro di David Embury del 1948 "The Fine Art of Mixing Drinks", viene consigliato l'utilizzo del Peycheaud Bitters.*
- ***BOBBY BURNS**, variante del Rob Roy, utilizza D.O.M. Bénédictine al posto del Bitters, prendendo una direzione erbacea.*

ROB ROY

USA, NY – 1894

TENORE ALCOLICO
●●●●

SAPORE
Dolce, abboccato, torbato, aromatico e profumo di arancia

Non chiamatelo Manhattan affumicato

Sherry, zucchero, molto ghiaccio e poca frutta. Questa la bevanda che a partire dal 1830, periodo in cui fu iniziato a essere commercializzato il primo ghiaccio, divenne popolare negli Stati Uniti. La parola *Cobbler* sembra derivi dai piccoli *cobbles*, i pezzetti di ghiaccio utilizzati.
Compare nel libro di Jerry Thomas *Bartender's Guide* del 1862.
È un drink tanto semplice quanto delizioso, low alcol e che vede lo Sherry protagonista.

BICCHIERE	TECNICA	GHIACCIO
Tumbler alto 270 ml	Build	Tritato

RICETTA

45 ml Lustau Palo Cortado Sherry
15 ml Ximénez Spínola Pedro Ximénez Sherry
5 ml Sciroppo di zucchero

Decorazione: frutti di bosco e menta

Shakerate tutti gli ingredienti e servite con lo stesso ghiaccio nel bicchiere freddo di servizio. Infine, decorate.

NOTE E CONSIGLI

- *A seconda del tipo di Sherry che utilizzate dovete decidere quanto zucchero usare o se ometterlo. Io utilizzo un blend tra uno Sherry Palo Cortado non troppo dolce ed uno più dolce, Pedro Ximènez.*
- *La decorazione vintage dello Sherry Cobbler prevede anche delle fette di arancia. Preferisco utilizzare solo frutti di bosco e un ciuffo di menta per donare ulteriore freschezza.*

SHERRY COBBLER

USA – Prima metà del 1800

TENORE ALCOLICO
●○○○

SAPORE
Dolce, Sherry
e molto fresco

Sherry, zucchero, molto ghiaccio e poca frutta!

Il Ti Punch rappresenta il modo tradizionale di bere Rhum. Non ci sono regole precise e più che ad un drink siamo davanti ad una degustazione di Rhum agricolo addomesticata da lime e zucchero, senza ghiaccio, diluizione e che ai Caraibi viene bevuta a tutte le ore. Ti Punch Significa *piccolo Punch*, dove Ti è un rimando alla parola francese *petit*.

	BICCHIERE	**TECNICA**	**GHIACCIO**
	Tumbler basso 270 ml	Build	/

RICETTA

60 ml HSE Blanc Saint Etienne 55% vol. Rhum
2 bar spoon Zucchero integrale
1 spicchio di lime

Mettete nel bicchiere lo zucchero, spremete lo spicchio di lime e lasciatelo cadere dentro. Col bar spoon cercate di sciogliere lo zucchero più che potete e aggiungete il Rhum. Potete servire il drink con un cucchiaino, che serve per sciogliere l'eventuale residuo di zucchero.

NOTE E CONSIGLI

- *Utilizzate Rhum con almeno 55% vol.*
- *Potete aggiungere più o meno zucchero, più o meno lime, del ghiaccio e utilizzare lo zucchero che preferite.*
- *In alcune versioni c'è chi utilizza non uno spicchio di lime, quanto un disco (o più) di scorza della misura di una moneta da cui sprizza gli olii essenziali e che lascia cadere nel bicchiere.*
- *Esistono anche versioni alla frutta dove vengono aggiunti dei pezzetti di frutta tropicale da schiacciare nel drink stesso.*

TI PUNCH

Caraibi - Tradizionale

TENORE ALCOLICO
●●●●

SAPORE
Dolce, acido, complesso, pungente e potente

Rhum agricolo!

PARTE 2

Le ricette di Federico Mastellari

Era un 20 giugno e stavo lavorando su un twist del *Mint Julep* (pag. 148) con l'obiettivo di dargli una direzione speziata, profumata ed una dolcezza diversa. Ho quindi pensato di aggiungere, come in alcune vecchie ricette del drink, una piccola quantità di liquore alla pesca e di lavorare delle spezie, attraverso una macerazione, nel liquore stesso. Inoltre, ho sostituito lo zucchero con uno sciroppo di lampone.
Il risultato è stato un Mint Julep molto fresco, arricchito dalle note fruttate di pesca, lampone e reso allo stesso tempo complesso e profumato dalle spezie.

BICCHIERE	TECNICA	GHIACCIO
Tumbler alto 270 ml	Build	Tritato

RICETTA

45 ml Bulleit Bourbon Whiskey
10 ml Crème de Pêche Merlet ai chiodi di garofano e pimento
5-6 Foglie di menta
20 ml Sciroppo di lampone

Decorazione: menta e lamponi

Mettete tutti gli ingredienti nel bicchiere freddo e massaggiate bene la menta. Riempite il bicchiere con ghiaccio tritato, mescolate e decorate.

NOTE E CONSIGLI

- *Potete preparare il liquore di pesca ai chiodi di garofano e pimento per macerazione, oppure attraverso una rapid infusion, vedi pag. 28.*
- *Per lo sciroppo di lampone vedi pag. 30.*

20 GIUGNO

Twist – Mint Julep

TENORE ALCOLICO

●●○○

SAPORE
Dolce, cereali, pesca, lampone, menta, chiodi di garofano, pimento e molto fresco

Un Mint Julep profumato e speziato

Questo drink è stato pensato nella creazione di un carta drink per nuovo cocktail bar di un mio cliente.
L'ispirazione è stata quella di un *Brandy Crusta* (pag. 76), troverete infatti: Brandy, Orange Bitters e succo di limone. Il Mirto (le cui note selvatiche mi piacciono molto) e lo sciroppo di cannella sono stati aggiunti per dare quelle note di dolcezza, l'amaro Petrus (una dei prodotti più amari che conosco!) per bilanciare tutto e il twist di limone per dare una ulteriore nota di freschezza.
Il drink è semplice e facilmente replicabile, ma crearlo è stato un esercizio di stile dove ho dovuto correggere e bilanciare anche le minime quantità dei prodotti nel raggiungimento di un equilibrio.
Il nome è il pensiero di una esclamazione piacevole bevendo il drink.

BICCHIERE	TECNICA	GHIACCIO
Tumbler basso 350 ml	Shake	Blocco o Cubetti

RICETTA

40 ml Mazzetti Brandy 12 anni
15 ml Mirto Pilloni Silvio Carta
5 ml Petrus
15 ml Succo di limone fresco
15 ml Sciroppo di cannella
2 dashes Angostura Orange Bitters

Twist Limone

Decorazione: giuggiola

Shakerate tutti gli ingredienti e filtrate in nel bicchiere freddo pieno di ghiaccio. Infine, sprizzate il twist di limone e decorate.

NOTE E CONSIGLI

- *Per lo sciroppo di cannella vedi pag. 30.*
- *Per ottenere una texture più morbida potete provare ad aggiungere 10 ml di albume pastorizzato e procedere con una Dry Shake prima di shakerare con ghiaccio.*

BRODO DI GIUGGIOLE

Twist – Brandy Crusta

TENORE ALCOLICO
●●●○

SAPORE
Dolce, acido, amaro, arancia, limone, cannella, mirto e profumo di limone

Capperi! è nato nel 2018 e creato in occasione di uno stand a *Identità Golose*, un'importante manifestazione gastronomica internazionale che si svolge ogni anno a Milano.
Partivo da un abbinamento di ingredienti per me consolidato, quello tra il passion fruit e i capperi, che ho pensato di inserire all'interno di un *Dry Martini* (pag. 98) cambiandogli faccia, cercando di raggiungere una direzione acida, umami e dolce allo stesso tempo. La scelta del *Dry Martini* non è stata casuale, i suoi ingredienti rappresentano un contrasto, col Gin e il Vermouth dry, che avrebbero retto la combinazione pensata.

BICCHIERE	TECNICA	GHIACCIO
Tumbler basso 350 ml	Stir	Blocco o Cubetti

RICETTA

60 ml Beefeater London Dry Gin
10 ml Dolin Dry Vermouth de Chambéry
30 ml Shrub ai capperi e passion fruit

Decorazione: capperi

Versate tutti gli ingredienti in un mixing glass ben freddo, stirrate con ghiaccio a cubetti e filtrate in un tumbler basso freddo e pieno di ghiaccio. Infine, decorate con un cappero in cima.

NOTE E CONSIGLI

- *Gli shrub sono dei premix che contengono una parte dolce e una spiccata parte acida, che può essere data dall'utilizzo di ingredienti acidi (agrumi, aceto, acidi alimentari, etc.) e sono degli ingredienti versatili molto in voga tra i bartender di oggi.*
- *Per lo shrub della ricetta vedi pag. 28.*

CAPPERI!

Twist – Dry Martini

TENORE ALCOLICO
●●●○

SAPORE
Dolce, acido, secco, passion fruit, capperi e umami

Capperi che buono!

Jack Frusciante è un drink a cui sono particolarmente legato.
L'ho creato nel 2015, in occasione di una serata in cui ho lavorato insieme alla mia squadra presso la famosa Enoteca Italiana nel centro di Bologna e dove abbiamo proposto diversi twist sul *Negroni* (pag. 158).
L'idea era quella di creare un gioco di abbinamenti efficace ed un drink facilmente replicabile. Troverete la base di un Negroni classico, una crusta di liquirizia, una spruzzata di Whiskey torbato a dare un tocco di complessità e un twist di limone a completare il profilo aromatico (il limone si sposa benissimo con la liquirizia!). Il nome viene da uno dei miei film preferiti durante il liceo e tutti i ricordi annessi, *Jack Frusciante è uscito dal gruppo*, dal romanzo di Enrico Brizzi ambientato a Bologna, come me e quella serata in Enoteca.

BICCHIERE	TECNICA	GHIACCIO
Tumbler basso 350 ml	Stir	Blocco o Cubetti

RICETTA

30 ml Bitter Campari
30 ml Cocchi Storico Vermouth di Torino
30 ml Beefeater London Dry Gin
Spray Laphroaig 10 Islay Single Malt Scotch Whisky

Decorazione: crusta di zucchero e liquirizia
Twist Limone

Bagnate il bordo del tumbler basso ben freddo con uno spicchio di limone e immergetelo nella polvere di zucchero e liquirizia creando la crusta.
Versate tutti gli ingredienti ad eccezione del Whisky in un mixing glass ben freddo, stirrate con ghiaccio a cubetti e filtrate nel tumbler pieno di ghiaccio.
Ora, spruzzate in cima lo spray di Whisky e sprizzate il twist di limone.

NOTE E CONSIGLI

- *Per realizzare la polvere di zucchero e liquirizia, vedi pag. 29.*

JACK FRUSCIANTE

Bologna - 2015

TENORE ALCOLICO

●●●●

SAPORE

Amaro, aromatico, abboccato, liquirizia, torbato e profumo di limone

Jack Frusciante è uscito dal gruppo!

Twist del *Cameron's Kick* (pag. 244) che da anni preparo nei miei corsi per spiegare come la preparazione home-made delle sode consentono di personalizzare le proposte con prodotti unici che non troviamo in commercio.
Premesso che il drink di MacElhone mi piace particolarmente, ho voluto mutarlo in versione long drink, mantenendo la struttura di base e trasformando lo sciroppo di orzata in una soda. Inizialmente la preparavo semplicemente dallo sciroppo, poi, in un secondo momento, per dargli più carattere e aggiungere una nota speziata e pungente, ho aggiunto anche del Falernum.

BICCHIERE	TECNICA	GHIACCIO
Tumbler alto 370 ml	Shake	Blocco o Cubetti

RICETTA

25 ml Jameson Irish Whiskey
25 ml Johnnie Walker Black Label Blended Scotch Whisky
25 ml Succo di limone fresco
A colmare Soda all'orzata e Falernum

Decorazione: una spiga

Shakerate tutti gli ingredienti tranne la soda e filtrate nel bicchiere freddo pieno di ghiaccio. Ora aggiungete la soda. Infine, decorate.

NOTE E CONSIGLI

- *Per la soda vedi pag. 31.*

IL CALCIO DI CAMERON

Twist – Cameron's Kick

TENORE ALCOLICO
●●○○

SAPORE
Dolce, acido, limone, mandorla, zenzero, chiodi di garofano, fresco e frizzante

Una soda speciale

Rocky Balboa è talmente buono che colpisce.
L'ho creato insieme a Giovanni Ceccarelli, *www.giovanniceccarelli.com*, quando abbiamo scritto insieme il libro *Miscelare*, pubblicato con Hoepli editore nel 2018. Stavamo lavorando su un twist del *Whiskey Sour* (pag. 224) cercando il modo migliore di abbinare l'estratto di pera Williams al Bourbon. Dopo diversi tentativi abbiamo scelto la strada più semplice, quella di rendere acido il succo di pera attraverso l'utilizzo di acido citrico, sostituendo in questo caso il succo di limone con quello della pera.
Ne è nato un drink che ci ha convinto molto subito, dove la pera si sposa in modo superlativo col Whiskey mantenendo la sua morbidezza, col sottofondo di un'acidità che non nasconde la pera e la esalta.

BICCHIERE	TECNICA	GHIACCIO
Coppetta 180 ml	Shake	/

RICETTA

45 ml Buffalo Trace Bourbon Whiskey
10 ml Estratto di pera Williams acidificato
25 ml Sciroppo di zucchero
10 ml Albume pastorizzato

Twist di limone

Versate tutti gli ingredienti in un Boston. Dopo avere effettuato una Dry Shake o montato gli ingredienti con un aerolatte, shakerate con ghiaccio e filtrate in una coppetta ghiacciata. Infine, sprizzate il twist di limone.

NOTE E CONSIGLI

- *Per l'estratto di pera Williams acidificato vedi pag. 28.*
- *Gli acidi alimentari in polvere sono sempre più utilizzati in miscelazione. Consentono, tra i vari utilizzi che possono avere, di rendere acido un succo che acido non è mantenendone allo stesso tempo il suo sapore. Il gusto acido, nel bilanciamento di un drink, porta una sensazione di freschezza. Il più comune è l'acido citrico che dona una sensazione simile a quella degli agrumi.*

ROCKY BALBOA

Miscelare - 2018

TENORE ALCOLICO
●●●○

SAPORE
Dolce, acido, cereali, pera, profumo di limone e morbido

Un drink che colpisce!

Anche in miscelazione come in cucina l'utilizzo di prodotti fermentati come la Kombucha, il Tepache, i vini di frutta o le bevande naturalmente gassate sono e saranno sempre più una possibilità interessante. Attraverso le fermentazioni possiamo infatti trasformare il sapore degli ingredienti scoprendo nuovi sapori. Questo cocktail nasce proprio quando in Drink Factory abbiamo organizzato insieme a Flavio Sacco, *www.fermentalista.com*, il primo corso in Italia sulle *Fermentazioni in Miscelazione* nel 2018.
Il drink è molto semplice, efficace, low alcol, e il sapore del Tepache, bevanda fermentata di ananas di origine messicana, si sposa benissimo con quello dell'amaro. L'ispirazione del nome la *Bicicletta*, bevanda composta da un amaro e vino e soda, da cui è nato Senza mani.

BICCHIERE	TECNICA	GHIACCIO
Tumbler alto 370 ml	Build	Blocco o Cubetti

RICETTA

30 ml Rabarbaro Zucca
A colmare Tepache

Versate gli ingredienti direttamente nel bicchiere freddo pieno di ghiaccio e miscelate delicatamente.

NOTE E CONSIGLI

- *Per la preparazione del Tepache, bevanda fermentata originaria del Messico a base di acqua, zucchero, ananas a pezzi e spezie, vedi pag. 31. Si tratta di una fermentazione alcolica spontanea, ottenuta grazie ai microrganismi presenti sulla scorza del frutto, portata avanti per pochi giorni, che rende la bevanda leggermente alcolica.*
- *In questo caso lo abbiamo miscelato, ma nasce per essere bevuto in purezza.*
- *Attenzione: prodotti come Tepache e Kombucha (fermentato dal tè), se utilizzati in piccole quantità vengono sovrastati dagli altri ingredienti.*

SENZA MANI

Drink Factory – Corso sulle Fermentazioni

TENORE ALCOLICO
●○○○

SAPORE
Dolce, amaro, rabarbaro, ananas, fresco e pungente

L'idea di questo drink nasce da un abbinamento: quello tra la banana e la birra scura tipo stout, cercando di unire la morbidezza del frutto alle note amare di quel tipo di birra. Prima ho creato uno *shrub* (premix dolce e molto acido) aggiungendo a questa combinazione anche zucchero ad aceto, poi ho provato a shakerarlo con del Bourbon in parti uguali per capire il primo risultato: così non funzionava, ma ero sulla strada giusta. Il mio palato mi ha suggerito si aggiungere un'ulteriore parte dolce che ho trovato in un premix di zucchero e mango che già utilizzavo per un altro drink e da cui ho poi creato un unico Shrub. Il drink è una sorta di twist sul *Whiskey Sour* (pag. 224): base di Bourbon, parte acida data dall'aceto, parte dolce dallo zucchero, parte morbida dalla banana e dal mango, tutto questo condito in sottofondo dalle note amare della birra. Ultima cosa, dato che il colore del drink non era invitante, l'ho mascherato con una *rim* di polvere di fragola, ed ecco *Uao*.

BICCHIERE	TECNICA	GHIACCIO
Coppetta 180 ml	Shake	/

RICETTA

50 ml Maker's Mark Bourbon Whiskey
50 ml Shrub UAO (mango-banana-stout-zucchero-aceto)

Rim: polvere di fragola

Prendete una coppetta ghiacciata del freezer e con un duster (uno spargizucchero) spolverate la polvere di fragola finchè non si sarà attaccata in modo uniforme alla parte esterna. Se la coppetta non è ghiacciata la polvere non si attaccherà. Shakerate tutti gli ingredienti e filtrate nella coppetta.

NOTE E CONSIGLI

- *Per la preparazione dello shrub UAO, vedi pag. 29.*
- *Per la polvere di fragola (strawberry powder), vi consiglio di acquistarla già pronta. È un prodotto essiccato a freddo (freeze dried) attraverso l'impiego di un liofilizzatore e polverizzato.*

UAO

Twist - Whiskey Sour

TENORE ALCOLICO
●●●○

SAPORE
Dolce, acido, amaro, banana, mango, stout e morbido

Abbinamenti azzeccati

INDICE DEI DRINK

I DRINK IBA

I GRANDI ESCLUSI

LE RICETTE DI FEDERICO MASTELLARI

CHI SONO

Classe 1979, bolognese doc.
Marito di Luisa, veterinaria, e papà dei terribili Isaia e Pietro.
Ho aperto Drink Factory nel 2003, considerata oggi la scuola di formazione per barman di riferimento in Italia: corsi professionali per barman a tutti i livelli, in aula e online, e un laboratorio pionieristico pensato per la sperimentazione di nuove tecniche e drink.
Tengo ancora diversi corsi in prima persona, mi piace molto, e mi occupo anche di consulenze per bar e di sviluppare progetti per aziende del settore.
Autore Hoepli di altri titoli fortunati e nel 2011 sono stato protagonista di un programma televisivo sui cocktail in onda su Gambero Rosso Channel.
Nel 2021 ho creato Drinking.me, un nuovo progetto sulla miscelazione.

Potete trovare tutto quello che faccio visitando:

www.drinking.me
Dove parlo di miscelazione in prima persona

www.drinkfactory.net
Il sito della mia scuola per barman